Selbstoptimierung ist auch keine Lösung

Christoph Augner

Selbstoptimierung ist auch keine Lösung

Schluss mit dem Perfektionswahn

Patmos Verlag

VERLAGSGRUPPE PATMOS

PATMOS
ESCHBACH
GRÜNEWALD
THORBECKE
SCHWABEN
VER SACRUM

Die Verlagsgruppe
mit Sinn für das Leben

MIX
Papier aus verantwortungsvollen Quellen
FSC® C014496

Für die Verlagsgruppe Patmos ist Nachhaltigkeit ein wichtiger Maßstab ihres Handelns. Wir achten daher auf den Einsatz umweltschonender Ressourcen und Materialien.

Bibliografische Information der Deutschen Nationalbibliothek
Die Deutsche Nationalbibliothek verzeichnet diese Publikation in der Deutschen Nationalbibliografie; detaillierte bibliografische Daten sind im Internet über http://dnb.d-nb.de abrufbar.

Verlagsgruppe Patmos in der Schwabenverlag AG, Ostfildern
www.patmos.de

Umschlaggestaltung: Finken & Bumiller, Stuttgart
Gestaltung, Satz und Repro: Schwabenverlag AG, Ostfildern
Druck: GGP Media GmbH, Pößneck
Hergestellt in Deutschland
ISBN 978-3-8436-1232-6

Inhalt

Einleitung

Sie kennen bestimmt das Grimm'sche Märchen *Tischlein deck dich.* Nach einer Schreinerlehre bekommt der älteste Sohn eines Schneiders einen kleinen Tisch geschenkt. Das Besondere daran: Das unscheinbare Möbelstück verfügt über Zauberkräfte. Mit der Formel „Tischlein deck dich" biegt es sich augenblicklich unter den herrlichsten Speisen und Getränken.

Alles haben, und das jederzeit. Das ist schon lange kein Märchen mehr. Wir sind es gewohnt, dass Waren und Dienstleistungen uns immer und überall zur Verfügung stehen. Dieser Anspruch macht auch vor uns selbst nicht halt. Wir wollen mehr vom Leben in weniger Zeit, müssen überall das Maximum herausholen. Apps vermessen unseren Körper, zählen unsere Schritte, den Kalorienverbrauch, den Herzschlag. Es werden Zielwerte erfunden, die wir täglich erreichen sollen. Kein Lebensbereich bleibt davon verschont. Wir wollen Gewicht verlieren, den Traumkörper erreichen, der Partner muss perfekt zu uns passen, die Wohnung aussehen wie im Möbelhauskatalog, das Essen ausgewogen und gesund sein. Und immer der Vergleich mit anderen – was machen die? Was haben die gekauft? Wie wohnen die? Was essen die? Bereitwillig folgen wir Trends und Moden, um uns selbst zu verbessern, zu optimieren. Wer rastet, der rostet, heißt es da. Wer stehen bleibt, hat schon verloren. Alles fließt, alles ändert sich – Sie kennen diese Sprüche.

Selbstoptimierung scheint da Sinn zu ergeben, auch für banalste Freizeitaktivitäten wie Spazierengehen oder Laufen.

Es ist noch nicht lange her, an einem lauen Sommerabend im Biergarten, da berichte ich einem Freund meine monatlichen Laufleistungen. 47 Kilometer und zweihundertfünfzig Meter sind es bisher gewesen. Heute 57 Minuten und 22 Sekunden, 10 Kilometer und 832 Meter. Ich erzähle von meinem Monatsziel, durchschnittlichen Pulsschlag, weiteren Körperfunktionen, die irgendwie sportlich relevant zu sein scheinen. „Warum machst du das?", unterbricht mich schließlich der Freund und sieht mich verständnislos an. „Was meinst du?" – „Warum misst du das alles? Macht da der Sport noch Spaß?" Ich versuche eine Erklärung, die Phrasen „wichtig für die Gesundheit" und „Grundlage für Leistungssteigerung" fallen. Auf dem Heimweg geht mir die Frage „Warum misst du das alles?" nicht mehr aus dem Kopf. Ich finde keine nachvollziehbare Begründung.

Die Episode machte nachhaltigen Eindruck auf mich. Nie wieder habe ich beim Laufen Zeit-, Distanz-, Körperfunktionen gemessen. Kein Smartphone, keine Kopfhörer. Laufen ist jetzt wieder einfach: Ich ziehe die Sportschuhe an und laufe los. Keine zwanghafte Überwachung meines Handy-Bildschirms, keine Ablenkungen. Ich sehe, höre und spüre wieder meinen Körper und die Umwelt um mich herum. Laufen ist ein Erlebnis mit allen Sinnen.

Optimieren ist nicht nur auf Sport und Fitness beschränkt. Berufliche Optimierung ist mittlerweile so alltäglich geworden, dass ihre Folgen sogar Eingang in die Literatur gefunden haben.

Der Autor Michael Krüger schildert in seinem Roman *Vorübergehende*[1], wie ein erfolgreicher Motivationstrainer zufällig auf ein junges Mädchen ohne Geld und Papiere trifft. Ein ungleiches Paar: der gut situierte Coach, der auf den ersten Blick alles erreicht hat; das Mädchen, völlig mittellos, aber auf merkwürdige Weise unendlich reicher. So reich, dass sie sogar noch seine innere Leere füllt. Er nimmt sie bei sich auf, in der Hoffnung, doch noch so etwas wie Lebenssinn zu finden. Seine eigene Karriere hat er optimiert, seine Motivationskünste perfektioniert, so gut, dass er Opfer seiner eigenen Marketinglügen geworden ist. Er hat sich im wahrsten Sinne selbst um sein Leben betrogen. Seine Zeit den falschen Zielen geopfert.

Vorgegebenen Pfaden zu folgen, im Wettbewerb gegen andere bestehen. Keine Frage, das zeugt von beträchtlichen Optimierungskünsten. Doch ist ein auf diese Art erfolgreiches Leben automatisch ein gelungenes oder gar gutes Leben? Folgen wir unseren eigenen Zielen? Oder nur jenen, von denen wir denken, dass wir sie haben sollten?

Die Vorstellung vom Tischlein-deck-dich ist ein starkes Versprechen. Wenn uns jederzeit von allem das Beste zur Verfügung steht, werden wir glücklich.

Und leben zufrieden bis ans Ende unserer Tage. Selbstoptimierung[2] soll uns dort hinführen: Alle Optionen nutzen, nichts versäumen, überall das Optimum rausholen. Doch dieses Versprechen hält nicht, es ist wirklich nur ein Märchen. „Du kannst alles haben und alles sein" ist eine Marketingidee, die zum Ziel hat, dass wir Dinge und Dienstleistungen kaufen. Wenn wir ihr folgen, mag das kurz- und mittelfristig angenehm sein. Langfristig zahlen wir einen hohen Preis.

Ich habe im obigen Beispiel geschildert, wie ich begonnen habe, eine harmlose Freizeitaktivität wie das Laufen zu vermessen. Plötzlich wurde ein Wettbewerb daraus, ich verglich mich mit meinen früheren Leistungen, mit anderen. Seit ich es aufgegeben habe, Körperfunktionen und Leistungsdaten zu sammeln, ist der Sport ein schöneres Erlebnis für mich geworden. *Ich glaube, dass das auf viele andere Dinge auch zutrifft.* Denken Sie nur ans Essen: Kalorien zählen, Shakes mit undefinierbarer Konsistenz trinken, die angefangene Mahlzeit beenden, nur weil eine bestimmte Tageszeit überschritten ist – wie viel Genuss bleibt da noch bei der Nahrungsaufnahme? *Selbstoptimierung ist keine Lösung, weil sie die Erlebnisqualität vermindert.*

Selbstoptimierung wiegt uns in Sicherheit. Weil wir etwas messen können, weil andere das Gleiche machen oder weil wir einfach beschäftigt sind, haben wir das Gefühl, dass wir etwas Sinnvolles tun. Doch das Gefühl täuscht. Zu oft verschwenden wir unsere Zeit mit Dingen, die für uns gar nicht so wichtig sind. Weil wir über unsere Prioritäten nicht nachdenken.

Selbstoptimierung ist keine Lösung, weil sie den Blick auf das Wesentliche verstellt.

Das hat Folgen: Die Zeit, die wir darauf verwenden, kommt nicht mehr zurück. Und Zeit ist unsere wertvollste Ressource, wir sollten sorgsam mit ihr umgehen.

Ich möchte auf den folgenden Seiten Ideen und Impulse dafür geben, wie wir den Teufelskreis der ständigen Optimierung verlassen können. Wie wir aufhören, alles zu messen und nur äußeren und vergleichbaren Zielen nachzujagen. Ein selbstbestimmtes, aber auch verantwortliches Leben zu führen, kann viel mehr bedeuten als ein Streben nach Optimierung, Perfektion, Glück. Anstatt uns an standardisierte Lebensläufe zu halten, möglichst viele Erfahrungen und Episoden aneinanderzureihen, könnten wir unsere eigene, zusammenhängende Lebensgeschichte schreiben.

Keine Sorge: Es kommen jetzt keine maßgeschneiderten Ratschläge, ich therapiere Sie nicht und ich berichte auch nicht vom „Aussteigen", vom Leben als Einsiedler in Nepal oder als Mönch in Tibet. Keine Expeditionen in die kanadische Wildnis oder zum Südpol. Ich verspreche Ihnen: Wir bleiben am Boden. Seien wir ehrlich: „Aussteigen" wollen die wenigsten wirklich, ich jedenfalls nicht. Ich möchte hier und jetzt leben, nicht als Einsiedler, sondern mit den Menschen, die mir wichtig sind. Daher möchte ich gemeinsam mit Ihnen einen anderen Weg gehen. Wir können uns der Leistungs- und Vergleichsgesellschaft, in der wir leben, nicht einfach entziehen; aber wir können die Optimierung auf ein vernünftiges Maß beschränken. Dazu möchte ich in diesem Buch einen Begriff einführen, von dem ich glaube, dass er uns helfen kann, das zu erreichen: das *Seelenhandwerk*. Das Seelenhandwerk liefert uns jene Einsichten, die es uns ermöglichen, einen eigenen Weg im Leben zu finden, die eigene Lebensgeschichte zu schreiben – und unabhängiger von Vergleich und Optimierung zu sein. Für seine Entwicklung und Pflege sind wir selbst verantwortlich und auch fähig – jeder von uns.

In einer fragmentierten Welt lohnt es sich, an der *Stabilität eigener Lebensverhältnisse* zu arbeiten, physische und psychische Orte zu schaffen, die Bestand haben. In einer Umgebung, in der Veränderung alles gilt, kann eine Komfortzone die nötige Balance zwischen Stabilität und Fragilität in unserem Leben herstellen. Balance ist das nächste Stichwort: Es gehört zu den jahrtausendealten Weisheiten, dass Extreme vermieden werden sollten und als negativ gesehen werden. Indem wir uns auf alte Tugenden besinnen, wie etwa die *Mäßigung*, ermöglichen wir uns einen inneren Kompass, der uns zeigt, wann es genug ist. Wir suchen nach innerer Wertigkeit, nach dem, was „gut“ ist, und nicht danach, was alles möglich ist. Persönlichkeitsentwicklung findet nicht nur durch Introspektion, durch die ununterbrochene und intensive Beschäftigung mit uns selbst statt, sondern in der Auseinandersetzung mit unserer

Um- und Mitwelt. Erfüllte und nicht erfüllte Wünsche und Sehnsüchte, erlebte Erfolge, intensive Freund- und Partnerschaften, aber auch Kränkungen sind diejenigen Erfahrungen, an denen wir wachsen. Zum Seelenhandwerk gehört es schließlich, Entscheidungen zu treffen, wie ein erfolgreiches und gelungenes Leben für uns aussieht. Es bedeutet, *Prioritäten* zu setzen, sich für etwas zu entscheiden, aber auch, sich gegen so vieles andere zu entscheiden, was ebenfalls möglich wäre.

Doch alles der Reihe nach. Zunächst müssen wir herausfinden, was Optimierung genau ist. Dazu gehört es auch, nach den Ursprüngen des Optimierungskults zu suchen und die negativen Folgen sichtbar zu machen. Erst dann können wir beginnen, Auswege aus dieser Sackgasse zu suchen.

Das Phänomen Optimierung

Das perfekte Leben – Vorboten der schönen, neuen Welt

Sie wollen den fehlerhaften Menschen ablösen: Biohacker, Selbst-Enhancer und Cyborgs stehen schon vor der Türe. Wir sollten uns gut überlegen, ob wir sie reinlassen – oder die Türen lieber mehrfach verriegeln.

Science-Fiction? Eddie Morra ist ein erfolgloser Schriftsteller – bis er eines Tages mitten in Manhattan zufällig auf seinen Exschwager trifft, der mit Drogendealen sein Leben unterhält. Er schenkt Eddie eine Tablette, die Leistungsfähigkeit, Erinnerungs- und Konzentrationsfähigkeit massiv erhöht. Nachteil: Sie macht süchtig und lässt den Körper rasch verfallen. Unbeeindruckt wird Eddie schließlich zum Drogenkonsumenten, schreibt Bücher, wird Investmentbanker, holt sich seine Exfreundin zurück und wird reich. Anschließend geht er auch noch in die Politik. Kurz bevor er durch seine neu gewonnene Leistungsfähigkeit Präsident werden soll, scheint ihm der Vorrat auszugehen. Doch das Ganze nimmt ein Happy End. Wissenschaftler haben eine Möglichkeit gefunden, ihm nebenwirkungsfrei und auf Dauer seine gedopte Leistungsfähigkeit zu erhalten.

Der Plot aus dem Hollywood-Blockbuster *Ohne Limit* klingt nach Science-Fiction. Doch wie so oft wird auch hier die Fiktion von Realität bereits überholt. Das sogenannte Neuro-Enhancement ist längst salonfähig geworden. Fast ein Fünftel der Befragten einer Umfrage unter Lesern der Tageszeitung *Handelsblatt* hat bereits illegale oder verschreibungspflichtige Medikamente zur Leistungssteigerung eingenommen.[3] Wesentliche Motive sind der bessere Umgang mit Stress sowie die höhere Leistungsfähigkeit am Arbeitsplatz. Mit Ritalin – eigentlich ein Medikament für Kinder mit ADHS – lässt sich die Merkfähigkeit erhöhen, Zusammenhänge leichter durchschauen und ein unvorstellbares Arbeitsvolumen bewältigen. Betroffene berichten, dass sie Bewunderung erleben, ihren Chefs imponieren und auf der Karriereleiter aufsteigen. Doch nicht nur Manager der höheren und mittleren Ebenen dopen. Bereits Studenten verwenden in Zeiten mit Prüfungsstress zunehmend Arzneimittel ohne Indikation. Die Einnahme dieser Wunderpillen ermöglicht die effizientere Nutzung von Zeit und die konzentrierte Arbeit über lange Zeiträume. Plötzlich kann sich der Durchschnittsstudent mit den Besten seines Jahrgangs messen. Viele Konsumenten können sich vorstellen, Medikamente zur Optimierung der eigenen Leistungsfähigkeit auch nach dem Eintritt ins Arbeitsleben weiterzuverwenden.[4]

Doch die Selbstoptimierung macht nicht bei klassischen Leistungssituationen halt. Der Trend geht in Richtung Biohacking. Durch konstante Überwachung aller Körperfunktionen, Verhaltensweisen und Gewohnheiten wird versucht, das perfekte Leben zu gestalten. Smartphone-Apps überwachen so das Ernährungsverhalten, ist die Kaloriengrenze erreicht kommt die Mitteilung: „Du musst aufhören zu essen ...“ Schrittkontrolle und Effizienzüberwachung der eigenen Arbeitszeit sind noch die harmloseren Anwendungen. Die Aufzeichnung der Schlafstruktur per EEG dient einem noch fataleren Ziel: der Reduktion der Schlafdauer. Zu lange in den Federn liegen ist einfach ineffizient. Online-Anwendungen quantifizieren alles: Anzahl der Gespräche, Anzahl der besuchten Orte. Doch das Wichtigste bleibt auf der Strecke: die Qualität der erlebten Zeit.

Warum das alles? „Mehr und besser arbeiten, gesünder sein und glücklicher, eine gute Beziehung führen und die Zeit besser verbringen. Kurz: ich will mir bewusst sein, wie ich lebe“[5], sagt ein junger Selbstoptimierer in einer Reportage der *Zeit*. Ein paar digitale Verbündete, um dem inneren Schweinehund etwas auszuwischen, was ist schon schlimm daran? Warum soll es schlecht sein, die Laufkilometerleistung zu erfassen, um das eigene Kilometerziel im Blick zu haben? Nun, dabei bleibt es nicht. Im selben Beitrag der *Zeit* sagt ein Geschäftsmann, worum es geht: „Man engineert mit den Geräten seinen Body. Man optimiert die Prozesse. Ein Controlling. Wie in der Betriebswirtschaft.“[6]

Diese Aussage beschreibt besonders eindrucksvoll die Optimierungskultur. Betriebswirtschaftliche Begriffe werden auf andere Lebensbereiche, ja das ganze

Leben, übertragen. Damit ändert sich nicht nur die Sprache, sondern auch das Denken. Die Quantifizierung von Körperfunktionen ist eine der Folgen.

Denkt man diese Logik weiter, wird es letztlich darum gehen, einen effektiveren und effizienteren Menschen zu schaffen. Das ist dann der sogenannte Cyborg: Menschen, bei denen Körper und Technik verschmelzen. Da werden Chips unter die Haut implantiert, die Kreditkarte, Türschlüssel oder das Zugticket ersetzen. Krankenkassen könnten sich in den implantierten Chip einloggen und den Kalorienkonsum überwachen, eine Anpassung der Versicherungsprämie inklusive. Banken könnten die Bonität ohne Papierkram quasi im Vorbeigehen prüfen. Staaten hätten die Handhabe, ihre Bürger umfassend zu überwachen. Biohacker träumen schon heute davon, gesunde Organe durch zuverlässigere technische Geräte zu ersetzen. Der Big Deal wäre allerdings die Verbindung zwischen Technik und Gehirn, wie ein Experte im Interview mit dem Magazin *Lead* sagt: „Und wenn wir in Zukunft echte Gehirnschnittstellen hätten, können wir unsere Erinnerungen an Erlebnisse und Gefühle in einer Cloud auslagern. Unser Gehirn wird dadurch quasi um das Zigfache leistungsfähiger."[7]

Wir bräuchten auch nicht mehr selber zu schreiben oder zu sprechen, weil unsere Gedanken ja direkt mit WhatsApp und Facebook verbunden wären. Die Erweiterung der biologischen Fähigkeiten des Menschen um technische Tools ist aus Sicht der Biohacker und Neuro-Enhancer ein Upgrade des Menschen. Daraus entsteht eine Art Übermensch. Klar, das sind derzeit noch Extrempunkte in einem aktuellen Trend zur Selbstoptimierung. Aber entscheidend ist der Grundgedanke dahinter: Der Mensch und sein Leben ist von Grund auf fehlerhaft, ungenügend, muss deshalb korrigiert und optimiert werden.

Die Optimierung des Alltags

„Mehr in weniger Zeit", dieses Credo gilt mittlerweile für alle Lebensbereiche. Wir optimieren Arbeit, Kinder, Körper, Partner, Wohnen ...

Lebenslange Flexibilität – so optimieren wir unsere Arbeit

Ein gewisser Herr Frederick W. Taylor hatte mit Beginn der Industrialisierung eine großartige Idee. Jemand, der den ganzen Tag denselben Handgriff macht, wird irgendwann besonders gut darin. Und so wurde in der Produktion von Waren die Arbeit in immer kleinere Einheiten zerstückelt. Bald erkannte man, dass das übel schiefging. Niemand legt gerne den ganzen Tag Schrauben von A nach B. Man wird nicht besser darin, sondern langweilt sich. Dennoch: Langsam nähert sich unsere Arbeitswelt dieser Tätigkeitsform wieder an, mit dem Ziel, effektiver und effizienter zu arbeiten. Das Leben in Organisationen hat mittlerweile vor allem eine Konstante: die Optimierung von allem und jedem. Management-Gurus verbreiten Ohrwürmer wie „wer rastet, der rostet", „wer mit dem Trend nicht nachzieht, wird schnell abgehängt", „raus aus der Komfortzone", „so kann es nicht weitergehen", „lebenslanges Lernen". Das alles überstrahlende Change-Management koordiniert das ununterbrochene Verändern und Verbessern. Bewährte Abläufe und Vorgehensweisen werden zerlegt und neu zusammengestückelt; bis man den neuen Zuständigkeitswirrwarr wieder durchschaut hat, steht das nächste Veränderungsprojekt an.

In der schönen, neuen Arbeitswelt werden aber nicht nur Organisationsabläufe optimiert, sondern vor allen Dingen die Mitarbeiter selbst. Im Ausschreibungstext für eine freie Stelle ist von einer dynamischen, flexiblen Persönlichkeit mit Freude an vielseitigen Aufgaben und einem abwechslungsreichen Arbeitsalltag die Rede. Von einem Menschen, der sich mit Leidenschaft für die tägliche Arbeit einsetzt und die Bereitschaft mitbringt, seine bestehenden Stärken und Talente weiterzuentwickeln. Von Ideenaustausch auf globaler Ebene ist gar die Rede. Darf es sonst noch etwas sein? Nein, gemeint ist nicht das Amt des Präsidenten der Vereinigten Staaten, es geht um eine Assistenzstelle. Es gehört zur zeitgenössischen Management-Folklore, mit hochtrabenden Formulierungen selbst banalste Tätigkeiten zu etwas ganz Einzigartigem hochzustilisieren. Selbst Hilfsarbeiter oder Reinigungskräfte können sich auf diese Art über den Job selbstverwirklichen. Wer einfach nur arbeitet, um seinen Lebensunterhalt zu verdienen, ist hier fehl am Platz.

Mithalten kann nur, wer an sich, seinen Kompetenzen und vor allem seinem Auftritt arbeitet. Es geht um nichts weniger als um Markenbildung in eigener Sache. Wer am Arbeitsmarkt dauerhaft bestehen will, vermarktet sich heute wie eine Ware. Viel mehr, als tatsächlich etwas zu wissen und zu können, zählen der Verkauf und die sogenannten Soft Skills, die immer wichtiger werden, wie es von allen Seiten tönt. Nicht zu Unrecht spricht der Wirtschaftstrainer Walter Simon von „Personal Tuning“ statt Persönlichkeitsbildung. Tatsächliche oder vermeintliche Persönlichkeitsmängel auszumerzen ist nicht mehr unsere freie Entscheidung, wir sind gezwungen dazu.[8] Inflationär die Zahl der Berater und Coaches, die gerne dabei helfen und uns zum Erfolg führen. Was Erfolg ist, ist immer schon vorab definiert, keine Verhandlungssache mehr. Immer geht es darum, Veränderungen im Sinne vorgefertigter Programme umzusetzen. Die Optimierung wird mehr, aber die Freiheit wird weniger.

Der technische Fortschritt wird dabei zum Erfüllungsgehilfen. Die sogenannte *Quantified-Self-Bewegung* mit ihrem Messfetisch kommt langsam „in der Mitte der Gesellschaft“ an. Zeiterfassung, Mitarbeiterausweise, Videokameras und Zutrittskontrollen sind im Arbeitsleben längst Alltag. Mithilfe von mobilen Devices bis hin zu implantierten Chips werden Beschäftigte voll digitalisiert. Von Zutrittsfunktionen über die Messung körperlicher Parameter bis hin zur Produktivität wird hier alles erfasst. Vieles läuft noch unter dem Deckmantel „Betriebliche-Wellness“-Programme, aber es erscheint sehr unwahrscheinlich, dass sich die Unternehmen die Möglichkeit, die Produktivität und Leistungsfähigkeit ihrer Angestellten genau zu überwachen, entgehen lassen werden. Bis zu 30 Gigabyte an Daten kann ein einzelner Mitarbeiter bereits innerhalb einer Arbeitswoche generieren.[9] Insbesondere bei manuellen Tätigkeiten wie Lagerarbeiten oder industrieller Fertigung geben derartige Messungen Auskunft über Leistungsmerkmale. Mit den zunehmenden Möglichkeiten der Messung und Analyse von Daten entwickelt sich auch der immer stärkere Druck zur Quantifizierung. Es werden immer mehr Zielgrößen von Tätigkeiten und Prozessen gesucht und Kennzahlen generiert.

Schon ist die Rede von Mikrochip-Implantaten, die Scannerfunktionen übernehmen, von digitalen Tätowierungen, die laufend Herzrate und Körpertemperatur aufzeichnen. Um Gesundheitsdaten zu erfassen, werden Sensoren geschluckt. Bringen Mitarbeiter bei einem bestimmten Blutzuckerspiegel mehr Leistung, führen bestimmte Lichtverhältnisse zu höherer Produktivität? Manche betrieblichen Optimierungsvorhaben sind subtiler. Ein Versicherungskonzern belohnt seine Mitarbeiter, wenn sie nachts mehr als sieben Stunden schlafen – natürlich überwacht mittels biomedizinischer Messung.

Wer glaubt, dass all die Technik nur unsere Arbeit unterstützt, den belehrt die Wirklichkeit bereits eines Besseren. Das Personalberatungsunternehmen Michael Page weist darauf hin, dass der Mensch Gefahr läuft, von der Technik überholt zu werden: „Mit dem Einzug von Technologien wie maschinelles Lernen und künstliche Intelligenz machen Maschinen große Fortschritte und der Mensch muss sich anstrengen, um Schritt halten zu können.“[10] Ein Wendepunkt in den Machtverhältnissen zwischen Mensch und Maschine zeichnet sich ab. Waren Maschinen dafür da, uns zu unterstützen, müssen wir jetzt plötzlich mit ihnen konkurrieren.

Unsere einzige Möglichkeit, mit den Maschinen mitzuhalten: lernen, lernen, lernen und das Lernen optimieren. Lebenslanges Lernen ist nichts Neues, in Zukunft wird es aber um neue, effektivere Formen gehen. „Liquid Skills“ ist hier das Zauberwort, datengesteuerte, personalisierte Lernprogramme werden uns die für Arbeitsaufgaben notwendigen Kompetenzen beibringen. Traditionelle Ausbildungsverläufe werden aussterben, weil sie zu wenig flexibel sind.[11]

Soziologen halten fest, dass bei all der Optimiererei die qualitativen Aspekte des Lebens zunehmend auf der Strecke bleiben. Ziele definieren ist das eine, doch das Leben findet auf dem Weg zu diesen Zielen statt, nicht an den Zielpunkten selbst. In diesem Sinne erfassen mobile Endgeräte nur tote Punkte. Und die totale Überwachung generiert vor allem eines: Angst. Durch die Optimierung kommt es zu einer zunehmenden Arbeitsverdichtung; Fehler und Abweichungen werden einzelnen Personen angelastet.

Auch wenn Autonomie und Freiheit angepriesen werden, sind die Ziele weitgehend vorgegeben. Die Kriterien des Erfolgs von Unternehmen und Laufbahnen sind für den Einzelnen kaum beeinflussbar. Der ständige Appell an Selbstverwirklichung und Persönlichkeitsentwicklung zur Erreichung von Jobzielen ist immer weniger Ausdruck von individueller Freiheit, als verordneter Zwang „ein anderer werden zu müssen", wie die Philosophin Katharina Bauer schreibt. Will man „etwas erreichen" ist Selbstoptimierung keine Option mehr, sondern wird mehr und mehr zur Nötigung. Es besteht die Gefahr, dass sie Formen annimmt, an deren Ende der Persönlichkeitsverlust steht.[12]

Kein neues Thema, aber aktueller denn je: Hermann Hesse beschrieb in seiner Erzählung *Unterm Rad*[13] (1906) den Vorzugsschüler Hans Giebenrath, der getrieben von den Erwartungen seiner Umgebung alle persönlichen Vorlieben und Hobbys aufgibt, um eine erfolgreiche Bildungslaufbahn zu absolvieren. Rund um die Uhr wird gelernt, alles wird der Vorbereitung auf die große Prüfung untergeordnet. Spät erkennt er, dass er sich von allem, was ihm im Leben Freude bereitet, entfremdet hat. Er steigt aus seinem vorprogrammierten Lebenslauf aus. Die Geschichte endet mit seinem Tod, der vielfach als Suizid gedeutet wird.

Sich mit Haut und Haar an Optimierungserfordernisse anzupassen, „ein anderer sein zu müssen", das kann fatale Folgen haben. Totale Verhaltenskontrolle am Arbeitsplatz, Regeln, die jede menschliche

Regung unterbinden, haben in asiatischen Staaten zu hohen Suizidraten geführt. Studien belegen, dass niedrige individuelle Kontrolle der Mitarbeiter über die eigene Arbeitssituation und ein hohes Maß an (emotionaler) Anpassung Faktoren sind, die Suizide begünstigen.[14]

Doch nicht nur die Arbeit ist das Ziel von Optimierungshandlungen. Es gelingt uns auch in anderen Bereichen immer weniger, dieses Denken abzuschütteln. Selbst bei den Menschen, die uns am meisten am Herzen liegen: unseren Kindern.

Die verlorene Kindheit – so optimieren wir unseren Nachwuchs

Vor dreißig Jahren tobten die Kinder viele Stunden im Wald herum, bauten Baumhäuser, machten Lagerfeuer auf Baustellen, fuhren mit dem Fahrrad ans andere Ende der Stadt (ohne Helm versteht sich) oder spielten einfach den ganzen Nachmittag Fußball. Die größten Streiche, die in Erinnerung blieben, fanden alle in Situationen statt, in denen von Erwachsenen (geschweige denn von den Eltern) weit und breit keine Spur war. Jedes Kind wusste, beim Einbrechen der Dunkelheit musste man eben wieder zu Hause sein, ein paar Verhaltensregeln gab es beim Verlassen des Zuhauses noch mit auf den Weg. Ansonsten hielten sich die Großen aus dem abenteuerlichen Leben der Kleinen weitgehend heraus.

Davon ist heute keine Rede mehr. Kinder werden heute permanent überwacht. Ihre Körperfunktionen werden analysiert, auch kleinste Entwicklungsschritte gefeiert, ihre Aktivitäten stehen unter permanenter Aufsicht, ihre Fähigkeiten werden professionell getestet. Schon Kleinkinder müssen beim Kinderarzt Farben benennen und Zeichnungen anfertigen, um den kognitiven Entwicklungsstand unter Beweis zu stellen.

Es wäre undenkbar, ein achtjähriges Kind ein bis zwei Kilometer weit alleine in die Grundschule gehen zu lassen. Wie ein VIP wird es direkt beim Schuleingang abgesetzt oder gar in das Gebäude eskortiert. Top gestylt müssen sie sein: Selbst Dreijährige haben schon sündhaft teure Markenkleidung. Eltern vergleichen ihren Nachwuchs untereinander. Unruhige Nächte verursachen nicht nur kranke oder schlaflose Kinder, sondern auch wenn der Sprössling immer noch Windeln braucht, obwohl die anderen schon aufs Klo gehen, raubt es den Eltern den Schlaf. Die ersten Wörter werden analysiert, die Gewichtskurve muss eingehalten werden, die ersten Kopffüßler und Strichmännchen müssen gezeichnet werden, das ABC sollte schon vor Schuleintritt sitzen. Wer zum falschen Zeitpunkt weint oder irgendwo nicht mitmachen will, könnte eine Verhaltensauffälligkeit haben, hier gilt es den Kinderpsychologen zu fragen.

Früher verbrachten Eltern einfach (mehr oder weniger) Zeit mit ihren Kindern, heute geht es um Qualitätszeit, um die Pädagogisierung des Alltags. Jede Aktivität sollte ein höheres Ziel haben, jedenfalls irgendetwas, was gut ist für das eigene Kind. Und fad sollte es auch nicht werden, der Familienausflug am Wochenende wird zum Entertainment. Es gilt keine Zeit zu vertrödeln: Die Woche ist verplant, Musikunterricht, Schwimmen, Gymnastik und Judo stehen an den Nachmittagen der Grundschüler auf dem Programm. Dazwischen hetzen Mütter und Väter zu Eltern-Kind-Nachmittagen in den Kindergarten, um Laternen oder Filzpuppen zu basteln, während der Nachwuchs herumtollt. Die Zeit optimal zu nutzen, heißt vollstopfen mit Aktivitäten, das scheint Sinn zu ergeben.

Kindergeburtstage werden zum Event, hier werden ausgeklügelte Spiele veranstaltet, Turnhallen und Restaurants angemietet, Fingerfood bestellt und sogar die Kleiderwahl Wochen vorab definiert. Der Geburtstagskuchen wird beim Konditor geordert, Zauberer, Clowns und Kasperl eingeladen. Gleiches gilt auch für die Gäste selbst. Die richtige Geschenkwahl für den siebenjährigen Nachbarsjungen, der zufällig der beste Freund des eigenen Nachwuchses ist, verursacht qualvoll schlaflose Nachtstunden. Lange schon beeindruckt man nicht mehr mit einem schönen Kinderbuch oder einem Gesellschaftsspiel. Immer muss es etwas ganz Besonderes sein.

Gefahren werden von vornherein aus dem Weg geräumt, die Kanten der Möbel mit Plastikaufsätzen entschärft. Bei Temperaturen unter fünf Grad wird „lieber nicht mehr hinausgegangen“, um keine Verkühlung zu riskieren. Konflikte zwischen Kindern werden zu Staatsaffären, die befreundete Eltern auseinanderbringen. Glücklich, wer den Gang zum

Rechtsanwalt vermeiden kann. *Overprotective* nennt man die Eltern, die sich ganz besonders um die Kleinen sorgen. Keine Frage, es gibt Helikoptereltern, die hier noch deutlich hervorstechen, aber eigentlich betrifft uns das doch alle. Wer hier wirklich gelassener werden will, den plagt schnell das schlechte Gewissen: Liebe ich mein Kind zu wenig? Warum machen das andere und ich nicht?

Dementsprechend sollte man immer im Vorhinein schon die nächste Lebensphase der eigenen Kinder planen, Vor- und Nachteile bei Entscheidungen abwägen, die Laufbahn des eigenen Fleisch und Bluts optimieren. Ein normaler Kindergarten mit freundlichen Pädagoginnen – schön und gut –, sollte man aber nicht eigentlich schon Englisch lernen? Reicht in der Grundschule wirklich eine Fremdsprache? Wird hier auch wirklich projektbezogen unterrichtet und auf mein Kind besonders Rücksicht genommen? Gibt es das Fach digitale Kompetenz? Die Schulwahl wird zur Raketenwissenschaft. Hier bloß keinen Fehler machen.

Die Journalisten Marc Brost und Heinrich Wefing berichten in ihrem Buch *Geht alles gar nicht* von Müttern, die sich zum Schein in einem anderen Stadtteil einmieten, damit ihre Kinder in eine bestimmte Schule gehen können. Und fragen sich nicht ganz zu Unrecht, ob diejenigen spinnen, die Kindergärten, Musikschulen, Schwimmvereine vorab testen, oder sie selbst, „weil wir uns viel zu wenig kümmern und damit unserem Kind den Start ins Leben versauen“[15].

Man gewinnt den Eindruck: Kinder sind Teil eines optimierten Lifestyles, der nach Perfektion strebt, und wichtig für den eigenen Status. Versagt das Kind, versagt man selbst. Man will alles richtig machen, auch wenn nicht so sicher ist, was dieses „alles“ überhaupt ist. Ist die Kindheit dadurch schöner, sind die Kinder glücklicher geworden? Ist es nicht das besondere Privileg dieser Zeit, dass man eben nicht ausschließlich nach Zeitplan funktionieren muss und man auch mal so in den Tag hineinlebt?

Gesunder Geist in einem gesunden Körper? – So optimieren wir uns selbst

Die Bodybuilding-Szene galt vor noch nicht allzu langer Zeit als eine Halbwelt, in die man sich als rechtschaffener Bürger lieber nicht verirrte. Dieses Klischee verschwand spätestens zu Beginn der Nullerjahre. Heute strömen die Massen nach Feierabend ins Fitnessstudio, um ihre Körper zu stählen. Hier wird geschuftet, gehoben, gehüpft und geschwitzt, mit dem simplen Ziel, gut auszusehen. Der Körper ist zur Ressource, zum Rohstoff geworden, der bearbeitet und verschönert werden will. War körperbetonte Arbeit früher natürlicher Bestandteil des Lebens, ist sie heute zum Freizeitvergnügen geworden. So vergleicht der amerikanische Autor Martin Greif die modernen Fitnesscenter mit den Fabrikhallen früherer Zeiten.[16]

Der einzige Unterschied: Heute werden keine Waren mehr produziert, sondern gesunde, schöne, leistungsfähige Körper. Anno dazumal sah man Gesundheit noch als relative Abwesenheit schwerer Gebrechen oder Krankheit, die es ermöglichte, einer produktiven Tätigkeit nachzugehen. In den zeitgenössischen Definitionen von Gesundheit, wie sie etwa die Weltgesundheitsorganisation WHO vorschlägt, ist dagegen die Rede von optimaler Leistungsfähigkeit, von vollständigem geistigem, körperlichem und sozialem Wohlbefinden.[17]

Vollständiges Wohlbefinden? Wann kann man das wirklich von sich behaupten? Umso wichtiger ist es, das eigene Gesundheitsverhalten ständig zu optimieren. Gesünder essen, körperliche Bewegung, immer neue Wellness-Anwendungen sind zu einem permanenten Projekt geworden. Die ständige Überwindung des eigenen inneren Schweinehunds zahlt sich aus: Bessere Gesundheit bedeutet auch Schönheit. Und damit lassen sich Geschäfte machen. Nicht immer ist eigene körperliche Anstrengung notwendig. Schönheitschirurgen werben mit schnellen Erfolgen und Schönheit ohne eigenes Zutun. Zehntausende legen sich in Deutschland pro Jahr zwecks Brust-OP oder Lippenkorrektur unters Messer. Die Kosmetikindustrie verdient Milliarden. Die Fitnessindustrie boomt, schon zwölfjährige Kinder gehen nach der Schule in die Muckibude, um fit zu bleiben.

Doch fit sein ist keine Angelegenheit für den Hausverstand, es braucht Experten, um alles richtig zu machen: Personal Trainer, Coaches, Mentoren aller Art treten auf den Plan und erstellen kleinlichste Trainingspläne, die es auf Punkt und Komma einzuhalten gilt. Der Weg zum perfekten Körper, zum optimierten Aussehen ist ein leidvoller. Um schnellere Effekte zu erzielen, werden von Ernährungsberatern und Diätexperten Nahrungsergänzungsmittel empfohlen. Für jenes Heer an Menschen, die von Übergewicht gequält sind (oder es zumindest glauben), werden neue Ernährungskonzepte entwickelt. Kalorien-, Vitamin-, Kohlenhydratzufuhr werden errechnet, mit digitalen Geräten gemessen, minutiös aufgezeichnet. Diätexperten haben den Begriff Nahrungsmittel nahezu neu definiert. Nicht identifizierbare Breie, Shakes und tierfutterähnliche Präparate stehen ganz oben auf dem Speiseplan.

Dachte man früher, ein Apfel oder eine Banane wären gesund, wird man dafür heute mitleidig angesehen: „Denken Sie an den Fruchtzucker!" Das Sonntagsschnitzel, das Bier am helllichten Nachmittag sind ein Freifahrtschein in den sozialen Tod. Ein paar Sünden kann man sich leisten, im Wiederholungsfall hat man bald den Status eines Drogensüchtigen.

Optimierte Schönheit ist kein Selbstzweck. Mit „Gestalte dein Leben, gestalte deinen Körper"[18], beschreibt die Soziologin Waltraud Posch in ihrem Buch *Projekt Körper* den engen Zusammenhang zwischen Schönheit und Lebenserfolg. Schönheit ist ein wesentliches Instrumentarium im Kampf um Macht und soziale Positionierung. Das ist in der Geschichte nichts Neues. So wurde die karrierebewusste Madame de Pompadour als Mätresse von Ludwig XV. zu einer zentralen Figur der französischen Außenpolitik. Keine Frage, auch ihren Zeitgenossen war klar, dass sie außerordentlich intelligent und geschickt agierte. Dennoch wurde zuallererst eines gesehen: ihre makellose Schönheit. Ein hochrangiger Mitarbeiter des Königs notierte über sie: „Ihr Körper ist [...] schlank, wohlgeformt, geschmeidig. [...] die Nase vollkommen wohlgeformt, der Mund reizend [...] die schönste Haut der Welt gab all ihren Zügen den größten Glanz."[19] Wichtige, ja entscheidende Eigenschaften, um als Bürgerliche das Undenkbare zu erlangen: die Gunst des Königs.

Was früher galt, hat sich heute um ein Vielfaches verschärft. Durch die mediale Dauerinszenierung von Schönheit hat sich die Sichtbarkeit von Schönheitsidealen massiv verstärkt. Das Format „Zuschauer machen Fernsehen" bei einschlägigen Gesangs-, Schönheits-, Talent- und sonstigen Wettbewerben im öffentlichen und privaten Fernsehen wirbt den normalen TV-Zuschauer für die Teilnahme an. Durch jene Auswahl, die es ins Rampenlicht schafft, entsteht der Eindruck, optimierte Schönheit wäre normal. In Wahrheit sind durchschnittlich schöne Menschen einfach massiv unterrepräsentiert. Weniger Schöne werden überhaupt nur als Negativbeispiele in Verbindung mit originellem Verhalten präsentiert.

Auch wenn gerade bei der Verschönerung des eigenen Körpers als zentrales Motiv „etwas für mich tun" genannt wird, ist das Gegenteil der Fall. Kaum etwas tun wir so sehr für andere und wegen anderer, als gut auszusehen.

„Sie sehen ja ganz anders aus als auf dem Foto", sagt die Personalchefin zum Bewerber. Oje, was heißt das nur? Besser oder noch schlimmer als erwartet? Allen Versicherungen zum Trotz, wir seien überhaupt nicht oberflächlich, ist unser erster Eindruck von einer anderen Person der stärkste. Und der ist nun mal vom Erscheinungsbild abhängig. Schöne Menschen haben da handfeste Vorteile: Wer zeitgenössischen Idealen entspricht, wird als intelligenter, gesünder und vertrauenswürdiger eingeschätzt, ja für moralischer gehalten.

So zeigen Studien, dass Frauen, deren Body-Mass-Index (BMI) vom Normalbereich abweicht, bei vergleichbarer Tätigkeit bis zu 6 Prozent weniger verdienen als Frauen mit BMI im Normalbereich. Der BMI steht damit als Maß für die Attraktivität des Arbeitnehmers oder besser der Arbeitnehmerin – denn bei den Männern scheint es diesen Effekt interessanterweise nicht zu geben. Attraktivität wird vom Arbeitgeber „als Maß für Fitness, Disziplin und Zielstrebigkeit"[20] der Arbeitnehmerin interpretiert. Bei aller Individualität, zu weit von sozialen Normen abzuweichen, scheint da keine gute Idee zu sein. Nicht umsonst ist mittlerweile die Rede von Fließband-Schönheiten. Schöne Menschen, die Idealvorstellungen genügen, aber auch merkwürdig leicht verwechselbar scheinen.

Schön zu sein, das ist ein ultimatives Glücksversprechen. Die Optimierung des eigenen Aussehens verspricht höhere Leistungsfähigkeit, bessere Chancen im Beruf und bei der Partnerwahl. Und so jagen wir Tag für Tag den Idealen aus Fernsehen und Social Media hinterher. Das Philosophiemagazin *Hohe Luft* stellt die Frage, wie es wohl weiterginge, wenn wir plötzlich alle perfekte Schönheiten wären? Sind wir dann am Ziel? Ist die Optimierung dann zu Ende?[21] Wohl kaum. Auch wenn wir uns die Bilder der Photoshop-Apps ins Gesicht operieren lassen könnten, würde irgendwann ein neues Ideal entstehen. Wir müssten wieder von vorne beginnen. Das ist der Teufelskreis eines Lebens als endloser Vergleich mit anderen.

Wem der Appell an die Optimierung des eigenen Körpers zu viel wird, kann wiederum seine Erholung maximieren. Freilich, mit Erholung im klassischen Sinn haben Yoga, Meditation, Wellnessangebote und Achtsamkeitstrainings wenig zu tun. Es geht um effiziente Stressreduktion im verspannten Leben der Selbstoptimierer. Dem Alltag einmal entfliehen, Kurzurlaube in Thermen, sündteure „Behandlungen“ und „Anwendungen“ in Spas, Sauna, Massagen mit chinesisch klingenden Namen, alles untermalt von fernöstlicher Musik und Buddha-Statuen an jeder Ecke. All das lädt zur zeiteffektiven Entspannung ein.

Auch bei der Erholung ist ohne Berater, Coaches, Trainer, Therapeuten nichts zu machen. Je marktschreierischer deren Angebote, desto besser. Selbst Achtsamkeitstrainings dienen der Verbesserung der eigenen Persönlichkeit und der Effizienzsteigerung in Beruf und Privatleben. Mit Hinwendung zu unserem Innersten, dem Betrachten der eigenen Gefühle und Gedanken, ist nicht nur wirkungsvolle Stressbewältigung verbunden.

Es geht um Potentialentfaltung, darum, innere Blockaden zu lösen und verborgene Schätze des eigenen Ich zu heben. Wir managen unser Selbst zu höherer Leistungsfähigkeit und mehr Erfolg. Als gestresste Selbstoptimierer stehen uns dabei die Profis mit Rat und Tat zur Seite: „Entrümpelungsangebote" und „zeitliche Planwirtschaft" helfen uns, jede wertvolle Sekunde des Tages optimal zu nutzen,[22] die Input-Output-Relation muss stimmen. „Extremes Glück" und ein erfolgreiches Leben sind die verführerischen Versprechen. Simple Erholung war gestern. Wer aber lieber gleich die ganz dicken Bretter bohrt, wird ebenso bedient: Im Buch *Search Inside Yourself* des Autors Chade-Meng Tan wird gar der Weltfrieden, der durch Achtsamkeitstraining erreichbar sei, beschworen.[23]

Von der ursprünglichen Idee von Achtsamkeit, die in Richtung Bescheidenheit und Demut geht, wie der Psychologe Thomas Joiner anmerkt,[24] scheint nicht mehr viel übrig geblieben zu sein. Die ständige Bespiegelung des eigenen Selbst, die ununterbrochene Fokussierung auf das eigene Ich steht heute zumeist im Mittelpunkt. Achtsamkeitstrainings, Meditation und andere Methoden können sehr sinnvoll sein. Doch wenn daraus ein Wettbewerb wird, wenn es wieder nur darum geht, sich selbst zu optimieren, etwas Trendiges zu tun, um dazuzugehören, kann das Ganze schnell kontraproduktiv werden. Und überhaupt geht Entspannen ja eigentlich viel einfacher: ein bisschen Gartenarbeit oder ein ausgedehnter Spaziergang an der frischen Luft bieten nachhaltigen Erholungswert, ohne das Erlernen von mehr oder weniger obskuren Methoden.

Zur Erweiterung des Kults rund um Körper, Fitness und Aussehen gehört auch die unmittelbare Lebensumgebung. Ganz biedermeierlich werden hier zunächst die eigenen vier Wände optimiert. Besuche in den Wohnungen von Bekannten und Freunden erinnern immer öfter an Möbelhauskataloge oder Filmkulissen. Nichts ist zu banal, um es nicht Experten zu überlassen: Innenarchitekten justieren die ideale Anordnung der Einrichtung im Wohnraum. Lichteinfall, Temperatur, Feuchtigkeit, nicht näher definierbare energetische Zustände werden hier analysiert. Decken, Zierkissen, nicht nutzbare Accessoires erinnern an die Lobbys von Luxushotels. Transparenz, wohin man blickt; wo früher Mauerwerk war, ist heute Glas. Im Winter zu kalt, im Sommer zu heiß – trotz technischer Errungenschaften. Alles wirkt manchmal etwas zu perfekt, fast steril. Einmal dachte ich unwillkürlich: Wohnt hier wirklich jemand?

Zu einem Projekt der ganz besonderen Art gehört die Optimierung des Mitbewohners, auch genannt Lebenspartner. Noch nie in der Geschichte der Menschheit wurde die romantische Liebe derart verklärt wie heute und doch hat die fast zwanghafte Suche nach dem optimalen Partner kaum noch romantische Züge. Er soll ähnlich sein, aber nicht zu ähnlich, soll uns ergänzen und uns auf Händen tragen. Hoher Status, genug Geld, herzeigbar in jeder Hinsicht. Aber bitte mit Tiefgang, einfühlsam und intelligent, durchsetzungsstark gegen andere, gefügig in der Partnerschaft. Nicht umsonst sprechen frisch Verliebte davon, sie seien jetzt „vollkommen" – zumindest solange die rosarote Brille all diese Eigenschaften beim Partner anzeigt.

Der perfekte Partner ist schwer zu finden, es gibt ja so viele Menschen mit allen möglichen Macken, manchen sieht man es gar nicht gleich an. Lernte man früher seine „Liebe fürs Leben" in der Schule, an der Universität, auf der Arbeit oder in der Bar kennen, überlässt man heute lieber nichts mehr dem Zufall. Online-Partnerbörsen ermöglichen uns die passgenaue und „wissenschaftlich fundierte" Kontaktaufnahme mit Menschen, die die gewünschten Eigenschaften aufweisen oder zumindest vorgeben aufzuweisen.

Oft geht die Rechnung nicht auf, der Liebe ist mit Zahlen und Analysen nicht beizukommen. Enttäuschungen folgen auf dem Fuß, manche verharren schließlich lieber trotzig in der Beziehungslosigkeit. Die eigenen Erwartungen kann ohnehin niemand erfüllen und überhaupt ist alleine und mit sich selbst leben viel erfüllender, ein Partner nur ein „Add-on", wie ein Unterwäsche-Model im Privatfernsehen formulierte. Andere nährt die Hoffnung, dass der Märchenprinz oder die Märchenprinzessin doch noch vorbeikommt. Bröckelt in der Partnerschaft schließlich die Illusion der Perfektion, beginnt auch hier die Optimierung. Der Partner wird zurechtgebogen, soll dies und jenes tun oder unterlassen. Bei fortwährenden Enttäuschungen im Beziehungsleben raten Therapeuten demzufolge auch, einmal zu hinterfragen, ob die eigenen Erwartungen an das Leben wirklich realistisch sind.[25]

Viel haben die Erwartungshaltungen mit den veränderten Rollenbildern zu tun. Es reicht für Männer längst nicht mehr, wenn sie genug Geld heimbringen und abends zwei Sätze mit den Kindern wechseln. Erfolgreich sein, selbstverständlich, aber zugleich ein toller Liebhaber, aufmerksamer Zuhörer, umsichtiger Hausmann und gut gelaunter Spielgefährte für die Kinder. Für Frauen scheinen die Naturgesetze überhaupt keine Gültigkeit mehr zu haben, glaubt man dem, was uns Medien und Werbung suggerieren. An mehreren Orten gleichzeitig sein, mehrere Aufgaben synchron erledigen – kein Problem. Als topausgebildete Karrierefrau holt sie nach dem perfekten Auftritt im Teammeeting freudestrahlend ihre drei Kinder aus der Ganztagsbetreuung ab und kommt gut gelaunt nach Hause, um mit den Kleinen pädagogisch sinnvoll zu spielen. Im Vorbeigehen erledigt sie als Familienmanagerin natürlich noch den Haushalt, denkt an alles und organisiert alles. Und nachdem die Kinder ins Bett gebracht sind, wird ein unsichtbarer Schalter umgelegt mit der Aufschrift „Verführerischste Liebhaberin aller Zeiten".

Aus dem berechtigten Anliegen der Gleichberechtigung von Mann und Frau wurde ein unüberschaubarer Komplex an diffusen Rollenbildern und übersteigerten Erwartungshaltungen, der die Partnerschaft zur Atomphysik werden ließ – undurchschaubar und nicht bewältigbar für Normalsterbliche. Gott sei Dank: Ein Heer an Eheberatern und Beziehungstherapeuten steht schon hilfsbereit in den Startlöchern. Die werden nicht müde, diese Fata Morgana an unrealistischen Erwartungen am Leben zu halten. Den perfekten Partner, die perfekte Beziehung, das perfekte Glück, gibt es das wirklich? Ja, alles nur eine Frage des Willens, der richtigen Einstellung, des permanenten Verhaltenstrainings, der Optimierung. Wenn es nicht funktioniert, ist man halt selbst schuld.

All die wohlmeinenden Experten machen es in Wahrheit nicht leichter: „Das Reisegepäck der Ratschläge wird immer schwerer, der Weg immer beschwerlicher“[26], schreibt Arnold Retzer in seinem Buch *Lob der Vernunftehe.* Die Paarbeziehung im Allgemeinen und die Ehe im Speziellen stellen mittlerweile Anforderungen, die kaum mehr bewältigbar sind. Retzer plädiert in diesem Zusammenhang für mehr Realismus zu „menschlichen Maßstäben angemessenen Erwartungen und Vorstellungen“[27] zurückzukommen. Noch nie waren wir weiter davon entfernt.

Motive der Optimierung

Warum *optimieren wir alles? Der Vergleich mit anderen bietet Orientierung. Wer nicht optimiert, wird abgehängt, gehört nicht dazu.*

Optimierungshandeln ist nicht zufällig oder gar sinnlos. Egal, welchen Lebensbereich die Selbstoptimierung betrifft, und gleichgültig, welche Form sie annimmt, immer stehen mehr oder weniger sichtbare psychologische Motive dahinter. Die Grundlage der Selbstoptimierung sind wahrgenommene oder tatsächliche Konkurrenz- und Vergleichssituationen.

Der amerikanische Soziologe David Riesman bezeichnete mit dem Begriff „Radarmensch" schon in den Fünfzigerjahren den Aufstieg eines Sozialcharakters, dessen hervorstechendste Eigenschaft der ständige Vergleich mit anderen ist. Durch Freiheit und Wohlstand entfernten sich die Menschen von ihren traditionellen Rollen, Werten und Standards. Orientierung im Leben wurde schwieriger. Der „Radarmensch" holt sich die Orientierung über den Vergleich: Was haben andere, was konsumieren sie, was fangen sie mit ihrer Zeit an? Durch diese Rückkoppelung weiß er immer über seinen Status in Gruppe und Gesellschaft Bescheid. Hinke ich hinterher, ernte ich Missfallen und Geringschätzung. Sind meine Optimierungshandlungen dagegen erfolgreich, bekomme ich Aufmerksamkeit und Anerkennung.

Vergleiche bieten Orientierung darüber, was gut und was schlecht ist. Jene Frau, die zwanzig Kilo innerhalb weniger Wochen abnimmt, erntet Respekt. Und verstärkt auf andere den Druck, es ihr gleichzutun. Entscheidend für die Optimierung des eigenen Körpers ist die Reaktion des Umfelds. Sie beschädigt oder ersetzt den Sinn für die eigenen Bedürfnisse. Nicht umsonst ist gerade bei Essstörungen die Körperwahrnehmung beeinträchtigt, Orientierung gibt nur noch der unrealistische Vergleich mit anderen. Das bedeutet, das Gefühl für die eigenen Wünsche und Prioritäten ist verloren gegangen und kein Gradmesser für das Handeln mehr.

Good bye, Hausverstand. Der Optimierungskult treibt seltsame Blüten und folgt Branchentrends, die man um jeden Preis imitiert, obwohl die Intuition etwas anderes sagt oder sagen müsste. Ein Personalchef schickte sein ganzes Team zwecks Mitarbeitermotivation auf ein sogenanntes Lachseminar. Gute Laune erzwingen und damit die Arbeitsleistung verbessern, das ist das Credo. Es wird den ganzen Tag auf Anweisung gelacht, ein einziger Horror. Doch jeder macht mit. Den Unsinn als Unsinn zu entlarven, würde nur bedeuten, sich dem Optimierungsideal zu widersetzen, nicht offen zu sein für die Weiterentwicklung der eigenen Persönlichkeit.

Vor sozialem Druck ist niemand gefeit. Der Vergleich mit anderen betrifft fast jeden Bereich und lässt uns nach Dingen streben, die wir selbst gar nicht im Blick hätten. Einmal, als Gäste unseren kleinen Flatscreen-Fernseher lächerlich machten

(„Ist das ein Smartphone-Bildschirm?“), waren meine Frau und ich gleich im Gespräch über ein neues, größeres Modell. Es ist nur: Wir machen uns nicht allzu viel aus fernsehen. Es wäre wegen der anderen und weil wir nicht dumm dastehen wollen. Bis jetzt haben wir noch den kleinen, aber wer weiß, wie lange noch.

Nun haben Menschen zu allen Zeiten daran gearbeitet, sich selbst und ihre Lebensumstände zu verbessern. Genauso gab es auch immer die beharrenden Kräfte in uns, die auf Bewährtes setzen, uns Stabilität bieten. Neu ist dagegen die negative Bewertung dieser Sehnsucht nach Stabilität, die Optimierungsideologie hat die Veränderung zum entscheidenden Merkmal des Lebens gemacht. Das „kontinuierlich erneuerte, radikalisierte und erweiterte Optimierungsbegehren“[28] infiltriert alle Lebensbereiche. Selbst im höchst privaten Bereich gibt es kein Entkommen oder Entspannung – ja, das Entspannen selbst ist Teil der Optimierung.

Optimierungshandeln als völlig freie Entscheidung des Einzelnen, das ist – wie wir gesehen haben – weitgehend Selbstsuggestion. Selbst- und Fremdoptimierung haben sehr viel mit Anpassung oder Annäherung an gesellschaftlich Gewolltes und Akzeptiertes zu tun.[29]

Es ist paradox: Gerade die Selbstoptimierung beschwört die Selbststeuerung, die Autonomie; gleichzeitig ist wenig im Leben so fremdgesteuert, so von den Vorstellungen anderer beeinflusst. Wie konnte es nur dazu kommen?

Diese Frage wird uns noch intensiver beschäftigen, aber etwas sei doch vorweggenommen: Wirtschaftliche und persönliche Freiheit waren das große Versprechen der Aufklärung. Sie ermöglichten Selbstentfaltung und Selbstverwirklichung, nachdem das Leben nur aus Gehorsam und Pflichterfüllung für andere bestanden hatte. Doch aus der Selbstentfaltung wurde nach und nach der Zwang zur Selbstoptimierung.

Durch die Industrialisierung im ausgehenden 19. Jahrhundert entstand ein immer größer werdender Druck, die menschliche Arbeitskraft möglichst effizient zu nutzen. Die Entwicklung hin zur Optimierungskultur nahm hier ihren Anfang. Der Philosoph Peter Sloterdijk spricht in diesem Zusammenhang von einer Optimierungspraxis, die an die Stelle der alten religiösen Glaubenslehren getreten ist.[30] Kein Wunder: In früheren Jahrhunderten wäre niemand auf die Idee gekommen, nach Perfektion zu streben, sich ständigen Optimierungshandlungen zu unterwerfen. Wozu auch? Perfektion, Vollkommenheit, Makellosigkeit waren gar keine menschlichen Attribute. Für den christlichen Denker Thomas von Aquin war Vollkommenheit das Merkmal Gottes. Da uns der Glaube weitgehend abhandengekommen ist, müssen wir unserem winzigen irdischen Leben eine besondere Note geben, etwas Gottgleiches darstellen. Daher optimieren wir uns. Dies führt zu einer grotesken Situation: Inmitten einer Welt des Überflusses ist der Mangel das lebensbestimmende Prinzip. Wie die nimmersatte Ziege im

Märchen vom Tischlein-deck-dich jammern wir nach dem ganzen Tag auf der Weide immer noch nach mehr. Wenn wir glauben, dass wir in einem bestimmten Lebensbereich etwas erreicht haben, entsteht plötzlich ein neuer Mangel. Kurz vor dem Ziel scheint immer noch etwas Wichtiges zu fehlen. Vieles davon ist käuflich, wenn nicht als Ware, dann als Beratung, Coaching, Anleitung, Training durch sogenannte Experten. Sich nicht zu optimieren, seine Erwartungen auf ein vernünftiges Maß zu senken bedeutet in diesem Sinne, im Leben zu scheitern. Das Teuflische dabei: Optimierung bietet zwar das Versprechen der Perfektion, dieser Vollkommenheitszustand tritt aber nie ein. In den Optimierungshandlungen selbst werden die Ziele wieder verändert, nach oben geschraubt.

Wir haben Konkurrenz und Vergleiche als wesentliche Grundlage für Optimierung genannt. Nun sind Wettbewerb und das Streben nach Perfektion nichts grundsätzlich Schlechtes. Bedenklich wird es erst dann, wenn es leistungsbezogene Lebensbereiche überschreitet und in Bereiche eindringt, die mit Leistung und Konkurrenz nichts zu tun haben. Die sich nicht „verbessern" lassen, indem ich einfach mehr von etwas erzeuge oder gleich viel in weniger Zeit. Ein Kleinkind braucht einfach Zeit und Zuwendung, da kann nichts optimiert werden. Eine sichere Bindung entsteht dann, wenn ich Zeit mit dem Kind verbringe. Unangenehme Tätigkeiten lassen sich nicht einfach durch angenehmere ersetzen. Füttern, Windelwechseln und Körperpflege sind mindestens genauso wichtig wie der Ausflug in den Tierpark am Wochenende.

Schwierig wird es auch dann, wenn die Optimierung mit der Prioritätensetzung im eigenen Leben nichts mehr zu tun hat. Wenn wir Dinge oder Lebensbereiche optimieren, die uns selbst nicht wichtig sind. Wenn die Optimierung nur dazu dient, inneren Zwängen oder äußeren Erwartungen zu folgen. Wenn wir nur optimieren, weil andere etwas gut finden – oder weil wir glauben, dass andere etwas gut finden. Wenn Optimierung nur Selbstzweck ist.

Kurzum: Schlecht wird die Optimierung immer dann, wenn sie den falschen Zielen dient. Leider merken wir das meist nicht oder zu spät. Optimierung bringt nicht die Perfektion, wir können nicht vollkommen und makellos sein, wie Gott bei Thomas von Aquin. Dieses Ziel erreichen wir nie. Unentwegte Optimierung führt nicht zu einem gelungenen Leben im Einklang mit sich selbst und seiner Umwelt. Im besten Fall ist sie nutzlos, bringt nichts. Im Extremfall macht sie sogar krank.

Folgen der Optimierung

Schnell und viel – aber wohin und was? Die Optimierung unseres Lebens hat einen hohen Preis.

Bei den antiken Philosophen war das Streben nach Glück eine Frage der richtigen Balance. Gerade die philosophische Schule der Stoiker sah im Vermeiden von Extremen, in der Mäßigung eine Tugend. Schon bei Plutarch findet sich das Zitat, dass im besten Hauswesen nichts Überflüssiges begehrt und nichts Notwendiges entbehrt wird.[31] Auch damals gab es schon Selbstoptimierer. Plutarch schreibt über Zeitgenossen, die ihr Fasten und Leben nach Schema, Zeiten, Zahlen und Tabellen ausrichten. Die von Seneca beschworene Seelenruhe kann so allerdings nicht erreicht werden. Plutarch verweist auf die negativen Folgen einer solchen Haltung. Sie passe nicht zum Menschen, sondern sei „eher etwas für eine Muschel oder einen Baumstumpf"[32]

Optimierung ist radikal auf die Zukunft ausgerichtet und vernachlässigt die Gegenwart und Vergangenheit. Unsere Gedanken sind nie im Hier und Jetzt, sondern immer bei einer perfekten Vision der Zukunft. Das Leben wird so zur dauerhaften Durchgangsstation. Ein fataler Fehler, wie bereits Seneca beklagte: „Es überstürzt jeder sein Leben, leidet an Sehnsucht nach der Zukunft und an Überdruss der Gegenwart."[33]

Auch zeitgenössische Psychologen beschäftigen sich mit den übersteigerten Erwartungen an sich selbst. Wenn die dauerhafte Sorge, Fehler zu machen, Selbstzweifel und die Angst, andere zu enttäuschen, lebensbestimmend werden, sprechen sie von krankhaftem Perfektionismus.[34] Eines dessen Kernelemente ist das Gefühl, jederzeit die Kontrolle über sich selbst und die Umgebung haben zu müssen, daher die ständige Angst vor einem Kontrollverlust. Viele Experten gehen davon aus, dass die Entstehung von Perfektionismus weit in die Kindheit zurückreicht. Eine der Ursachen könnte demnach ein Erziehungsstil sein, der den Selbstwert des Kindes wesentlich von seinen Leistungen abhängig macht. Perfektionisten haben auch als Erwachsene noch das Gefühl, dass ihre Eltern extrem hohe Standards ansetzen und sehr kritisch mit ihrem Nachwuchs umgehen. Eltern identifizieren sich selbst geradezu mit dem Nachwuchs, ein Student meinte: „Ich verstehe es nicht. Meine Eltern waren zufrieden mit ihren 2ern und 3ern an der Universität. Ich soll überall 1er haben."[35] Perfektionismus ist ein Kernsymptom bei einer ganzen Reihe von psychischen Erkrankungen, wie Depression, Angst- und Zwangsstörungen. Besonders stark ist der Zusammenhang zwischen Perfektionismus und Essstörungen.[36]

Die eigenen Ansprüche an das Aussehen werden mit jedem verlorenen Kilo nach oben geschraubt, es entsteht ein Teufelskreis. Therapeuten berichten: Je perfektionistischer die Patientinnen und Patienten mit Magersucht und Bulimie, desto schlechter der Therapieerfolg. Oft geht es gar nicht mehr nur um das Schlanksein an sich, sondern dass man Gewichtsziele erreicht oder mit besonders wenig Nahrung auskommt. Diese Krankheit kommt nicht von ungefähr. Vorbilder für schöne Körper und Optimierungsangebote im Zusammenhang mit Ernährung sind heute allgegenwärtig.

Optimieren, das bedeutet auch, möglichst viel in möglichst kurzer Zeit zu erledigen. Kinder versorgen, Haushalt erledigen, zur Arbeit hetzen. Gerade Frauen mit Kindern können das Ausmaß an Aufgaben nur noch durch den konsequenten Einsatz von Multitasking bewältigen. Doch es sind nicht nur zeitliche Anforderungen, die uns zwingen, mehrere Dinge gleichzeitig zu tun. Bei Handlungen unterbrochen zu werden, um sie dann wieder fortzusetzen oder wieder etwas anderes zu tun – das ist auch Teil eines Lifestyles geworden. Jugendliche sind während der Hausaufgaben auf Facebook und schreiben WhatsApp-Nachrichten.

Der Mensch kann Dinge gleichzeitig machen, die Frage ist nur, wie. Und da macht uns die Wissenschaft nicht gerade Mut. Auch wenn die Anzahl der Aktivitäten steigt, sinkt die Genauigkeit und es erhöht sich die Fehlerquote.[37] Das Gehirn kann Inhalte nur mehr oberflächlich bearbeiten und – was noch viel schlimmer ist – es gewöhnt sich daran. Konzentrierte Arbeit am Stück, das Erleben eines Flows während einer Tätigkeit, wird so immer seltener. Multitasking mag Geschwindigkeit vorgaukeln, in Wirklichkeit verlieren wir dabei Zeit, Tiefe und damit Qualität. Selbst wenn wir während des Autofahrens ein konzentriertes Gespräch führen, sind wir schon fehleranfälliger und es steigt die Unfallgefahr. Nicht umsonst gibt es in manchen Bussen des öffentlichen Nahverkehrs noch das Schild: „Während der Fahrt nicht mit dem Fahrer sprechen."

Intuitiv wissen wir das wohl alle, aber es fällt uns unendlich schwer, nur einer Aufgabe unsere ungeteilte Aufmerksamkeit zu schenken. Wir können nicht anders: Die Beschleunigung unseres Lebensstils mag dafür ein Grund sein. Wir wollen aber auch nicht anders: Langsamkeit oder Unterbeschäftigung reduziert die eigene Wichtigkeit und kränkt den eigenen Selbstwert. Dazu kommt die großflächig gedankenlose und funktionsfreie Nutzung digitaler Medien, deren Hauptzweck ja geradezu die Verführung zur Zerstreuung ist. Kaum jemand ist davor gefeit: der routinierte Griff zum Smartphone, die fast zwanghafte Prüfung des Posteingangs, nebenbei läuft der Fernseher und eine Aufgabe sollte am Laptop erledigt werden.

Schon Kinder und Jugendliche leben den von den Erwachsenen geschaffenen medialen Optimierungskult voll aus: Der durchschnittliche amerikanische Jugendliche verbringt 7,5 Stunden pro Tag mit digitalen Medien, 29 Prozent der Zeit auf verschiedenen Kanälen gleichzeitig. Mediales Multitasking bei Kindern und Jugendlichen wird in Verbindung gebracht mit schlechterer Lern- und Gedächtnisleistung, erhöhter Impulsivität und negativen neuronalen Veränderungen im Gehirn.[38] Kinder und Jugendliche stehen aber nicht nur unter dem Einfluss der digitalen Medien, sondern auch unter dem immer dominanteren Einfluss ihrer Eltern und der Bildungsinstitutionen. Evaluierung, Testung, Vergleiche prägen ihr Leben schon ab den ersten Lebensmonaten. Alles ist schon vorgegeben, es bleibt kaum Platz für Freiraum, die Übung eigener Problemlösekompetenzen findet kaum noch statt. Das hat Folgen: In den letzten dreißig Jahren ist die Kreativität der Kinder nachweislich zurückgegangen. Sprachliche Fähigkeiten, Humor, Ironie, andere Perspektiven einnehmen, Fantasie, Beobachtungsgabe, die Fähigkeit, etwas Neues zu entwickeln – heutige Schüler tun sich damit deutlich schwerer als ihre Altersgenossen Anfang der 80er Jahre.[39] Keine gute Voraussetzung für die allseits beschworene Innovationsbereitschaft.

Dass Selbstoptimierung oft nicht nur unser Privatvergnügen ist, haben wir bereits gesehen. Auch wenn wir selbst nicht wahnsinnig perfektionistisch sind, werden wir im Arbeitsleben schnell mit Optimierungs-Gedankengut konfrontiert. „Performance Culture“ nennt sich das Ganze, alles wird auf Zielgrößen ausgerichtet, ständig wird verbessert, umstrukturiert und entwickelt. Kaum gewöhnt man sich an eine neue Situation, ändert sich wieder alles. Für Führungskräfte und Mitarbeiter haben die mangelnde Kontinuität, ständig „nicht in der Komfortzone zu sein“, verheerende Folgen. Stress und Überforderung bedingen erhöhte Risiken für Herz-Kreislauf-Erkrankungen, Erschöpfungszustände und Substanzmissbrauch.[40]

Die zunehmende elektronische Überwachung von Mitarbeitern – sei es die Arbeitszeit, die Online-Aktivitäten, ausgewählte Leistungsdaten, die Ortung von Dienstwagen oder die Telefonaktivität – führt zu verstärkter psychischer und physischer Beanspruchung. Überwachte Arbeitnehmer klagen über mehr Stresserleben, erhöhten Blutdruck und höhere Herzfrequenz.[41] Durch die schleichend stärker werdende Rundumüberwachung erhoffen sich die Arbeitgeber eine optimierte Nutzung der (teuren) Arbeitszeit und eine Verdichtung der Tätigkeiten. Zumindest bei komplexeren Aufgaben geht diese Rechnung nicht auf. Experimente zeigen, dass überwachte Menschen beim Lösen von Problemen schlechter abschneiden.[42]

Ständiges Verändern mit dem Ziel des Verbesserns und des „Noch-mehr-Herausholens“ ist auch aus wirtschaftlicher Sicht nicht rasend erfolgreich. Gerade große Um- und Restrukturierungen scheitern besonders häufig. Zuletzt ergab eine einschlägige Studie, dass in Deutschland 77 Prozent der Veränderungsprojekte in Unternehmen erfolgslos bleiben.[43] Der Trainer Axel Koch nannte sein Buch über die Folgen der ständigen Veränderungsprozesse in Unternehmen *Change mich am Arsch*. Sich kaputtverändern, flexible Menschen, irres Tempo, das alles hilft vor allem den Change-Management-Beratern, aber sonst niemandem.

In Robert Musils *Mann ohne Eigenschaften* ist der Möglichkeitssinn ein Symbol für Kreativität, Fantasie. Den Status quo nicht hinnehmen, sondern sich vorstellen, was alles möglich wäre. Diese Möglichkeiten stehen gleichberechtigt neben dem, was tatsächlich ist. Es muss ein Missverständnis sein, diese Idee zu pervertieren und *alles* Mögliche in die Realität umzusetzen. In eine Vision vom perfekten Selbst. „Der Weg ist das Ziel“ gilt nicht mehr, es zählt nur das Ziel. Selbst- und Fremdoptimierung,

Perfektionismus für alle, schneller, besser und effizienter – das ist ein Glücksversprechen, das nicht eingelöst wird. Vielfach bleiben nur die negativen Folgen für Gesundheit, Psyche, Leistungsfähigkeit. Zeit, über die Ursachen dieses Phänomens zu sprechen.

Ursachen der Optimierung

Die Entstehung des Optimierungskults

Globalisierung der Wirtschaft, die Flexibilisierung der Arbeit, Stress in allen Lebensbereichen: Das – so sind sich die Experten weitgehend einig – sind die Zutaten der um sich greifenden Optimierung. Doch so einfach ist es auch wieder nicht. Entscheidend für die Entwicklung des Optimierungskults war eine dramatische Änderung der Art und Weise, wie wir die Welt sehen und zwei kleine Wörter: Zeit *und* Ich.

Damit Optimierungsmotivation und -handeln entstehen, bedarf es eines bestimmten Welt- und Menschenbildes. Blicken wir in der Geschichte ein paar Jahrhunderte zurück: Ein mittelalterlicher Mensch wäre wohl nicht auf die Idee gekommen, seine täglichen Schritte zu zählen, sein Essen zu analysieren oder sein Aussehen zu hinterfragen. Auch die Erziehung der Kinder oder die Arbeitstätigkeit waren nicht Gegenstand von Perfektionierungsfantasien. Selbst dann nicht, wenn man unterstellt, er hätte unsere technologischen Möglichkeiten zur Verfügung gehabt. Vor allem die Sichtweise auf das *Ich* unterschied sich bis ins ausgehende 15. Jahrhundert deutlich von unserer heutigen.

Sowohl die Wahrnehmung der eigenen Person als auch der zeitliche Rahmen, in dem wir uns bewegen – und den wir als völlig selbstverständlich ansehen –, lassen sich mit modernen Maßstäben kaum vergleichen. Das eigene Ich wurde viel stärker als mit der Umwelt verschmolzen und von ihr abhängig erlebt. Man gebrauchte Analogien aus der Natur für bestimmte Eigenschaften des Menschen und umgekehrt („hart wie ein Stein“ oder der „böse Wolf“). Die geistige Welt war der körperlichen Welt überlegen. Jeder hatte eine unsterbliche Seele, der Körper war nur die Hülle in einer vergänglichen Zwischenstation vor dem ewigen Leben.

Für das Optimieren ist ein zweiter Aspekt besonders wichtig, nämlich die *Zeit*. Die Zerlegung der Zeit in gleich große Einheiten ist eine wichtige Voraussetzung für Optimierungshandlungen. Messen und Ziele definieren sind an diesen Zeitbegriff gebunden. Im Mittelalter wurde Zeit noch nicht in diesem Ausmaß als kontinuierliche Größe erlebt. Zeit war im Wesentlichen Gegenwart; es gab zwar verschiedene Zeiten wie Tagzeit oder Nachtzeit. Gute Zeiten für Saat und Ernte. Es existierte aber kein Maßstab, kein logischer Bezug zwischen Vergangenheit, Gegenwart und Zukunft – alles stand irgendwie unabhängig nebeneinander. Wenn in den mittelalterlichen Quellen von vergangenen Zeiten die Rede ist, sind zwanzig Jahre genauso weit weg wie tausend Jahre. Wenn kein Bezug zwischen verschiedenen Zeiten existiert, haben auch die Begriffe Veränderung und Entwicklung noch keine Bedeutung.

Schließlich entdeckten die Herrschenden die Zeit als Machtinstrument. Zum Eintreiben von Steuern ergibt es Sinn, genaue „Termine“ zu definieren. Die Kirchenglocke gab als Erstes Zeiteinheiten für die Gemeinschaft vor, dann kam schließlich die Uhr.[44] Durch die Zerlegung in gleiche Einheiten wurde die abstrakte Vorstellung von Zeit, wie wir sie heute haben, für die „normale“ Bevölkerung erst zugänglich.

Zu einem dramatischen Wendepunkt in der grundsätzlichen Wahrnehmung des Ich kam es schließlich mit dem Beginn der Aufklärung und der zunehmenden Verbreitung des kartesianischen Weltbildes.

Der Philosoph René Descartes fragte sich eines Abends (möglichweise bei einem oder mehreren Gläsern französischen Rotweins), was der Mensch sicher wissen könne. Das legendäre Ergebnis dieser Überlegungen ist der Satz *cogito ergo sum – ich denke, also bin ich*. Auch wenn alles um mich herum zweifelhaft ist und Einbildung sein könnte, so komme ich nicht umhin, dass ich ja offensichtlich denke – und daher existieren muss.

Was hat das jetzt mit Optimierung zu tun? Die Folgen dieses Denkens sind von großer Bedeutung für unsere Ursachenforschung: Descartes tat nichts weniger, als die Existenz von Dingen vom eigenen Denken abhängig zu machen. Ich als Person bin plötzlich „gesetzt“. Alles andere muss erst einmal hinterfragt werden. Damit ist eine strikte gedankliche Trennung von Innen- und Außenwelt definiert, die es in dieser Form noch nicht gegeben hat.

Diese Betonung der Person führt zu der Sichtweise, dass ich als von der Umwelt abgetrennnter Akteur existiere. Ich bin in der Lage, meine Umwelt zu verändern, für meine Zwecke zu nutzen. Ich bin aber nicht mehr abhängig oder irgendwie in Verbindung mit ihr.

Eine wichtige Grundlage für Optimierungshandlungen ist damit geschaffen: ein Ich, das getrennt ist von der Welt, aber in diese aktiv eingreifen kann und damit Kontrolle über seine Umgebung erlangt. Das symbolische Denken des Mittelalters wich allmählich dem heute noch aktuellen konkreten Denken, ohne das Perfektionsstreben und Optimierungsvorstellungen denkunmöglich wären. Beides sind Visionen von zukünftigen Zuständen, die von mir als Person abhängen.

Diese Veränderung des Denkens der Menschen hatte radikale Folgen. In der Philosophie der Aufklärung wurden das Individuum und seine Rechte hervorgehoben, Wissen ersetzte Glauben, die Forschung sollte wichtiger sein als die Religion. Neue Erkenntnisse der Naturwissenschaften und technischer Fortschritt stärkten das Selbstvertrauen der Menschen. Der Mensch hat die Fähigkeit, perfekt zu werden, das war eine Überzeugung im aufgeklärten Denken. Technologischer Fortschritt führte schließlich auch zu effizienteren Produktionsmöglichkeiten und zum Beginn der Industrialisierung. Entwicklung wurde zum zentralen Begriff, Zukunftsgerichtetheit ein tragendes Element des Lebens.

Schon Mitte des 19. Jahrhunderts gab es vereinzelt die Meinung, dass der Mensch als solches ein defizitäres Auslaufmodell sei. Ein Übermensch nur noch eine Frage der Zeit.

In der Zwischenzeit mussten sich die Wirtschaftskapitäne noch über sehr profane Dinge den Kopf zerbrechen. Die Massenproduktion war auf die menschliche Arbeitskraft angewiesen. Doch ausgemergelte, halb verhungerte Körper konnten nicht sechzehn Stunden pro Tag in den Fabriken arbeiten. Schnell war klar: Ein Dreh- und Angelpunkt ist die Ernährung.[45] Nur satte Arbeiter sind leistungsfähig. Von nun an beschäftigten sich Experten mit der perfekten Zusammensetzung der (möglichst nahrhaften) Lebensmittel. Ein Feld der Optimierung war geboren!

Die Elektrifizierung machte in den Städten die Nacht zum Tag. Plötzlich konnte auch die Nachtzeit für Tagesaktivitäten genutzt werden. Der natürliche Biorhythmus verlor damit an Bedeutung, die Geburtsstunde der Schlafoptimierung hatte geschlagen![46]

Technischer Fortschritt ermöglichte Beschleunigung, schnelleres Arbeiten – und schnelleres Leben. Gleichzeitig mussten Arbeiter für ihre Tätigkeit bezahlt werden. „Zeit ist Geld“ wurde zum geflügelten Wort. Die Optimierungslogik „mehr in weniger Zeit“ fand rasche Verbreitung. Ihr Erfolg war unmittelbar greifbar, sie führte offenkundig zu materiellem Reichtum. Zunächst noch für wenige, später – in den sozialen Marktwirtschaften – zum Wohlstand der Massen.

Aus der Wirtschaft wissen wir also: Messbare Ziele sind gute Ziele. Und so haben wir begonnen, all unsere Lebensbereiche auf Effizienz zu prüfen. Wie schnell nehme ich ab, wie gut sind meine Trainingsfortschritte, wie schnell braucht mein Kind keine Windeln mehr, wie oft habe ich Sex? Erlebnisse und Erfahrungen, die sich der Quantifizierung widersetzen, haben es schwer.

Meine Smartphone-App misst meine Laufkilometerleistung. Den Sonnenuntergang, den Regenbogen oder den Geruch der nassen Wiese misst es nicht. Und allmählich verliere ich auch das Gefühl für diese Erfahrungen, denn ich habe beim Sport nur noch Augen für mein Display.

Optimieren bedeutet nicht nur zu messen, Zeit effizient zu nutzen oder schneller zu sein. Es heißt auch Grenzen verändern. Dass das immer wieder funktioniert hat, beweist die Geschichte. Ein Brief von Berlin nach Paris war im 14. Jahrhundert nahezu undenkbar, im 18. Jahrhundert war er mehrere Wochen unterwegs, später einige Tage, heute per E-Mail Sekundenbruchteile. Die Verbesserung der Lebensbedingungen und die Fortschritte der Medizin haben die durchschnittliche Lebenserwartung von unter dreißig Jahre in vergangenen Jahrhunderten auf achtzig erhöht.

Je größer und dramatischer diese Erfolge, desto intensiver, ja gehetzter, atemloser wurde das Optimierungsstreben. Grenzen hinauszuschieben, sie vielleicht aufzulösen, die Kontrolle über bisher Unkontrollierbares, Schicksalhaftes zu erlangen: auch für den Einzelnen eine ungeheuer machtvolle Idee. Das Streben nach Perfektion wird auch gerne als Streben nach Kontrolle gedeutet.[47] Indem ich optimiere, kann ich Zukunft gestalten. Ich bin nicht mehr passiver Passagier meines Lebens. Ich bin Steuermann. Vor allem Erfahrungen mangelnder Kontrolle scheinen Perfektionismus zu begünstigen.

Ein Patient[48] einer psychosomatischen Klinik erzählt über seine Kindheit mit alkoholkranken Eltern und die Bedeutung von perfektionistischen Handlungen:

„Mir ist zum Beispiel wichtig, dass es in meiner Wohnung wirklich sauber ist. Ich staubsauge zweimal am Tag, einmal pro Tag wische ich den Boden nass. Ich glaube schon, dass das mit meiner Kindheit zusammenhängt. Immer wenn meine Eltern getrunken hatten, lagen die Flaschen herum, es stank. Alles lag am Boden, war schmutzig. Meine Aufgabe war es dann immer zusammenzuräumen. Es klingt komisch, aber mir tat das gut. Waren meine Eltern betrunken, fühlte ich mich ohnmächtig, ausgeliefert. Beim Aufräumen hatte ich das Gefühl, die Kontrolle zurückzubekommen. Ich konnte Ordnung machen, den Zustand verbessern."

Das Bedürfnis nach Kontrolle ist gerade dort am stärksten, wo das Gefühl von Ohnmacht allgegenwärtig ist. Die moderne Welt hat eine Menge an Phänomenen hervorgebracht, in denen wir den Bezug zu anderen Menschen verlieren und es mit nichtpersonalen, bürokratischen Kräften zu tun haben, die unkontrollierbar und unbeeinflussbar sind. Die Beschwerdemail an den Versicherungskonzern wegen der ungerechtfertigten Gebühr wird nie beantwortet, unsere Wut darüber weicht der Ohnmacht, als wir auch über die Hotline niemanden erreichen, der uns weiterhelfen kann.

Um den Flug kurzfristig umzubuchen, wählen Sie die klein gedruckte Telefonnummer auf Ihrem Ticket. Sie sprechen mit einer Computerstimme (ohne es zu merken), die Sie ununterbrochen auffordert, Nummern auf Ihrer Tastatur zu drücken. Das mit der Umbuchung wird letztlich nichts. Es ist gerade so, dass uns durch Technik und Service Kontrolle suggeriert wird. Ich stehe an einem Geldautomaten in Bukarest und kann auch dort auf finanzielle Mittel zurückgreifen – eine Situation der Kontrolle. Dann „schluckt" der Automat meine Kreditkarte. Was jetzt? Ein Gefühl der Hilflosigkeit stellt sich ein.

Optimierungshandlungen geben uns das Gefühl der Kontrolle in einer Welt, in der immer weniger kontrollierbar scheint. Die mediale Vermittlung von Marketing und Werbung suggeriert, dass wir durch den Konsum von Waren und die Inanspruchnahme von Dienstleistungen ein Mehr an Freiheit, Unabhängigkeit und Kontrolle in unser Leben bringen. Der so entstehende Druck zur Selbstoptimierung unterstützt unser Selbstverständnis als Akteure, die ihr Leben im Griff haben. Dass das Gegenteil der Fall ist, merken wir, wenn die Dinge nicht wie gewohnt funktionieren – wenn die Karte im Geldautomaten verschwindet, der Flug sich nicht umbuchen lässt und man bei der Versicherung keinen Ansprechpartner für den Schadensfall findet.

Erwartungen, Vorbilder, Vergleiche – das Leben der anderen leben

Warnhinweis: Vergleichen fügt Ihnen und den Menschen in Ihrer Umgebung erheblichen Schaden zu.

Das ist ja nicht normal – wie oft hören wir diesen Ausspruch oder verwenden ihn auch selbst, um Verhaltensweisen anderer zu verurteilen, die wir selbst für nicht akzeptabel halten. Tatsächlich orientiert sich die moderne Massengesellschaft an statistischen Normwerten. Egal ob bei Psychotests, medizinischen Laborwerten, bei Meinungsumfragen für Marketing und Werbung oder bei zwischenmenschlichen Verhaltensweisen: Als normal gilt, was mehrheitsfähig ist. Das ist kein Zufall: Wenn wir nach Orientierung suchen und uns bewusst oder unbewusst mit anderen vergleichen, verschafft uns die Gewissheit, zur Mehrheit zu gehören, Erleichterung und Sicherheit.

Das scheint ein Phänomen der modernen Massengesellschaft zu sein. Der Philosoph Matthew Crawford spricht in diesem Zusammenhang vom sogenannten statistischen Selbst[49]. Normalität richtet sich mathematisch an der Normalverteilung aus.

Was um eine Standardabweichung über oder unter dem Mittelwert liegt, deckt mehr als zwei Drittel der Menschheit ab – und ist normal. Egal ob bei Persönlichkeit, Gewicht, Laborwerten, Einkommen, der Anzahl der Sexualpartner im Leben, der Anzahl der Toilettengänge pro Tag, der zurückgelegten Kilometer pro Monat, für alles gibt es den Durchschnittsmenschen.

Der ist weitgehend eine Erfindung des 19. Jahrhunderts. Die Idee der Gleichheit aller Menschen lieferte auch die Vorstellung mit ins Haus, dass „die große Masse" eine relevante Messgröße ist. Die wissenschaftlichen Möglichkeiten zum Zählen und Messen von fast allem lieferten schließlich die Grundlagen zur Quantifizierung.[50] Und damit auch die Grundlagen für die moderne Optimierungskultur.

In den „Gesangs"-Shows deutscher Privatsender fallen Aussagen in der Art: „Selbst wenn du noch tausend Jahre übst, wird sich dein Singen anhören wie das Grunzen eines Schweins." Oder: „Du hast kein Talent. Das ist gar nichts. Du kannst nicht singen, du siehst scheiße aus." Es trifft jene, die im Vergleich mit anderen Kandidatinnen und Kandidaten geradezu grotesk schlechte Leistungen erbringen. Doch ein bisschen bleibt einem das Lachen auch im Hals stecken, wenn wir dabei an uns denken.

Wie oft erging es uns selbst schon so, es ist wie ein Schlag in die Magengrube, im Vergleich mit jemand anderem den Kürzeren zu ziehen. Ein neuer Kollege, der dem Chef imponiert. Was hat er bloß, was ich nicht habe? Eine Führungskraft ärgert sich, weil der Vorstandskollege nun einen neuen Jaguar fährt. Er muss da jetzt nachziehen. Die Dame mit dem eleganten Sommerkleid stiehlt ihrer Freundin die Show, diese fühlt sich auf der Party wie ein Mauerblümchen. Mein Kommilitone besteht eine schwierige Prüfung mit Leichtigkeit, ich dagegen falle durch. Der Bruder erzählt, dass er jetzt ein Haus im Grünen kauft. Ich wende mich beschämt ab, weil ich weiterhin zur Miete wohne. Die Nachbarn urlauben wochenlang an der Côte d'Azur, wir machen Ferien auf dem Bauernhof dreißig Kilometer weiter.

Ständig vergleichen wir uns mit anderen, sammeln Informationen über deren Meinung, Leben, Fähigkeiten, Gewohnheiten. Diese Vergleiche geben uns Orientierung, sie dienen der Selbstevaluierung: Wo stehe ich? Gleichzeitig liefern sie Hinweise zur Selbstoptimierung. Was soll ich tun? Wo muss ich besser werden, damit mich die anderen nicht abhängen? Jeder vergleicht. Es gibt aber deutliche Unterschiede in der sozialen Vergleichsorientierung, wie Forscher das nennen. Menschen mit höherer sozialer Vergleichsorientierung sind stärker von diesen Vergleichen abhängig. Psychologen sagen: Die haben das nötig, weil sie eine instabilere Identität haben.[51]

Doch die Instabilität ist heute Programm. Früher wurde man als Adeliger geboren und man blieb einer; ein Bauer war ein Bauer und blieb ein Bauer. Hier gab es weder Aufstieg noch Abstieg, die Identitäten waren weitgehend fixiert. Durch die Freiheit, alles werden zu können, änderte sich alles. Sozialer

Auf- und Abstieg ist theoretisch grenzenlos möglich, die Verantwortung dafür liegt beim Einzelnen. Das ist eine große Chance, die macht aber auch Angst und erzeugt Unsicherheit über den eigenen Status.

Um Orientierung zu haben, schauen wir auf die anderen, werden so zum von außen geführten Charakter: „Der steuert sein Leben von den Erwartungen und Erwartungshaltungen der anderen her“[52], wie der Soziologe Heinz Bude sagt. Die technologischen Möglichkeiten liefern uns die Tools für unsere Vergleichskultur. Fast alle Vergleiche haben ihren Ursprung in medial vermittelten Trends und Moden. Social-Media-Kanäle wie Instagram oder Facebook haben keine andere Funktion, als Auskunft über unseren sozialen Status zu geben. Da hier jeder seine beste Seite noch übertrieben darstellt, spielen vor allem die Aufwärtsvergleiche eine besondere Rolle. Vergleiche mit schöneren, besseren, reicheren, smarteren Menschen können motivierend sein, meist lösen sie aber negative Gefühle in uns aus. Nicht umsonst schrieb der Coach Kai Hoffmann in seinem Buch: Vergleichen heißt verzweifeln.[53] Je unrealistischer dieser Vergleich, desto eher ein Grund zur Verzweiflung.

Besonders sinnlos: der Vergleich mit Prominenten, Sportlern, Stars, Influencern aller Art. Oft werden Rollenmodelle gelobt, die für uns Otto Normalverbraucher völlig unerreichbar sind. Schauspieler erzählen uns, wie sie mit dem Älterwerden umgehen, trotzdem gut aussehen. Politikerinnen zeigen uns, wie sie Familie und Beruf unter einen Hut bekommen. Geschiedene Sportler berichten davon, dass sie sich weiterhin harmonisch und engagiert um ihre Kinder kümmern. Prominente Frauen präsentieren wenige Wochen nach der Geburt ihres Kindes schon wieder eine Modelfigur. Was wir dabei vergessen: Das sind Leute, die eine ganz andere Lebensrealität haben. Menschen, die niemals selbst einkaufen gehen oder zu Hause sauber machen. Die keinen Staubsauger bedienen und oft nicht mal eine Fahrkarte für die U-Bahn kaufen können. Da gibt es die Leute, die ihnen die Wäsche machen, ihren Kindern die Windel wechseln, Frühstück vorbereiten, Einkäufe erledigen und den Tisch im Luxusrestaurant reservieren. Das für uns alltägliche Leben wird diesen Menschen wegorganisiert. Abgesehen davon: Wäre das wirklich so toll? Sind Prominente wirklich glücklicher? Andauernd wechseln sie den Partner, nehmen Drogen, klagen über Depressionen oder bringen sich sogar um.

Vergleiche mit anderen bewirken negative Gefühle, damit könnte man wohl leben. Aber es ist handfester. Forscher haben herausgefunden, dass der subjektive soziale Status besser als der objektive geeignet ist, die Gesundheit eines Menschen vorherzusagen. Heißt: Selbst wenn ich der Unterschicht angehöre und dennoch das Gefühl habe, einen hohen Status zu haben, steigt meine Lebenserwartung. Wenn ich Millionär bin und meine Nachbarn sind Milliardäre geht's mir wiederum schlecht, meine Lebenserwartung sinkt. Auf die Referenzgruppe kommt es an.[54]

Vergleiche ermöglichen zwar Orientierung im Leben, aber sie haben eine Reihe negativer Folgen. Besonders bei Aufwärtsvergleichen fühlen wir uns schlecht, werden im Extremfall depressiv. Vergleiche mit Menschen, die über ganz andere Lebensbedingungen verfügen, sind sinnlos und zerstören unseren Selbstwert. Wir verlangen zu viel vom Leben, müssen uns selbst entfalten, selbst optimieren und können nur scheitern. Weniger als perfekt wird zur Enttäuschung. Menschen, die wenig von dieser Art Vergleiche brauchen, sind besser dran. Weil sie nicht mehr das „Chamäleon ihrer Umwelt"[55] sind. Weil sie ein Leben nach ihren eigenen Prioritäten leben und wissen, was sie sind, und vor allem: was sie nicht sind.

Ich, ich, ich – berauscht von der eigenen Bedeutung

Etwas ganz Besonderes, Einzigartiges sein – so lautet das Credo. Doch wo jeder einzigartig ist, sind wieder alle ganz normal. Wichtig *wird man nicht, indem man sich selbst dafür hält. Die Wahrheit ist: Wirklich wichtige Menschen sind selten. Sehr wenige hatten im Laufe der Geschichte Gelegenheit und Fähigkeit, den Lauf der Welt entscheidend zu verändern. Wir anderen sollten froh sein: Sich* nicht wichtig *zu fühlen macht gelassener.*

Es ist das Zeitalter der Selbstdarsteller. Wer heutzutage noch altmodisches Fernsehen guckt, sieht kaum noch Filme oder Reportagen, sondern vor allem Produktionen vom Format „Zuschauer machen Fernsehen“. Es werden Talente, Partner und Topmodels gesucht, Quiz veranstaltet, halbe Weltmeisterschaften inszeniert, Käfer und Blätter gegessen, um die Wette gekocht, gesungen, gerätselt.

Ist man in einer Show erfolgreich gewesen, taucht man schnell auch in anderen Veranstaltungen wieder auf und verdient so seinen Lebensunterhalt. Einen Beruf im ursprünglichen Sinn des Wortes braucht man dann nicht mehr. Man verkauft nur eines: sich selbst. Nicht nur im Fernsehen oder im Showgeschäft ist das Selbstmarketing ein wichtiger Bestandteil der Selbstoptimierung geworden. Sogar beim Bewerbungsgespräch für einen simplen Bürojob treten wir auf wie Filmstars, verweisen auf unsere Stärken, präsentieren uns als flexible Multitasker, die alles können. Bei der Frage nach den Schwächen kommt uns nach einem einstudierten Zögern das Wort „Ungeduld“ über die Lippen. So haben wir es in den Bewerbungsratgebern gelesen. Bei so viel Selbstsuggestion verwundert es nicht, dass wir irgendwann selbst glauben, dass wir zu allem fähig und etwas Besonderes sind.

Sigmund Freud, Übervater der Psychoanalyse, wusste bereits um 1900 um die inneren Konflikte unseres Lebens. Sehr bald nach der Geburt sind wir mit den Grenzen konfrontiert, die uns die Realität setzt. Viele Dinge, die ich gerne hätte, lassen sich nicht verwirklichen. Das bleibt das ganze Leben so. Für Freud ist dieser Konflikt zwischen mir und meiner Umwelt lebensentscheidend. Gelingt es mir, mit dieser Diskrepanz zu leben, werde ich ein gesunder Erwachsener. Wenn nicht, bleibe ich psychisch ein Kind. Optimierung verspricht uns nun etwas Einzigartiges: dass wir mit diesem Konflikt nicht etwa leben müssen, sondern dass wir ihn gewinnen. Wir können alles *sein* und alles *haben* ...

Denken wir das durch: Jeder von uns ist zu Außergewöhnlichem berufen. Indem wir uns optimieren, können wir den kindlichen Größenwahn fortsetzen. Freud würde sagen, ein Dreijähriger, der voller Inbrunst ruft: „Ich bin der König der Welt", ist völlig normal. Er wird im Laufe seiner Entwicklung sehen, dass er das nicht sein kann. Ruft ein Dreißigjähriger: „Ich bin der König der Welt", stellt sich das eher als psychisches Problem dar. Freud würde sagen, er ist ein psychisch Dreijähriger geblieben und an dem Konflikt Ich/Umwelt nicht gewachsen. Die Optimierungskultur dagegen sagt: Glaub nicht dem alten Freud, du kannst tatsächlich König der Welt sein. Das Ergebnis ist eine radikale Ich-Zentriertheit, in der meine Wünsche ein deutliches Übergewicht bekommen gegenüber den Grenzen und Signalen aus der Umwelt.

Selbstoptimierung ist daher auch ein Gefangensein im eigenen Ich. Die Gedanken kreisen ständig um mich selbst, wie bei Narziss im Mythos, der sich in sein eigenes Spiegelbild im Wasser verliebt. Dieses Nachdenken über das eigene Ich gehört zum Lebensgefühl in der Optimierungskultur. Noch nie in der Geschichte wurde das Individuelle, das Einzigartige so beschworen wie heute. Um das zu finden, muss man in sich hineinhören, reflektieren, sich über seine Bedürfnisse klar werden. Therapeuten stellen Fragen wie „Welche Gefühle erleben Sie jetzt?“ oder „Wie fühlt sich das für Sie an?“.

Doch das Kreisen um das eigene Ich macht nicht alles besser. Es begünstigt die merkwürdige Entwicklung, dass wir uns selbst als das Maß aller Dinge sehen. Es gilt als gesellschaftlicher Konsens: Im Leben geht es darum, dass man sich gut fühlt. Samuel Pfeifer schreibt dazu in seinem Buch *Der sensible Mensch*, dass in der psychologisierten Gesellschaft die Gefühle des Einzelnen zum absoluten Maßstab von Recht und Unrecht, von Gut und Böse erhoben werden.[56] Nach dem Lustprinzip leben, die eigenen Bedürfnisse und Wünsche ständig im Blick haben. Das klingt angenehm und nachvollziehbar, nachhaltig ist es nicht. Die Folge ist übersteigertes Selbstbewusstsein bis hin zum Größenwahn und unreifen Erwartungshaltungen an das Leben. Ich will alles haben, und das jetzt. So beginnt der Teufelskreis der Optimierung. Gleichzeitig verlernen wir, mit unvermeidlichen Kränkungen und enttäuschten Erwartungen umzugehen.

Die antiken Philosophen hätten den modernen Menschen verachtet: Wer nur seiner Lust folgte, galt als niedrig, sklavisch, schwächlich und einfältig. Schon der römische Philosoph Seneca lehrte: Nicht alles, was angenehm ist, ist auch gut; nicht alles, was gut ist, ist auch angenehm.[57] Moral und Gefühl sind nicht dasselbe. Das Richtige zu tun, bedeutet oft auch etwas zu tun, was sich nicht so gut anfühlt.

Manchmal sind richtige Entscheidungen sogar kontraintuitiv. Die meisten seiner Politikerkollegen hielten Winston Churchill für verrückt, weil er sich in höchster Bedrängnis – entgegen jeder vernünftigen Prognose – dafür entschied, den Krieg gegen Hitlers Nazi-Deutschland fortzusetzen. Angenehm war das bestimmt nicht, rückblickend aber richtig. Christoph Kolumbus segelte mit ein paar Wahnwitzigen dem Ende der Welt entgegen und entdeckte Amerika. Angenehm war das wohl nicht, im Nachklang aber von entscheidender Bedeutung für die Menschheit.

So beeindruckend und lehrreich die Taten solcher Persönlichkeiten auch sind: Nur wenige Menschen stehen vor solch wegweisenden Entscheidungen, denn nur wenige haben Einfluss auf das Weltgeschehen und noch weniger vollbringen wirklich Weltbewegendes. Es sind nur Einzelne im Laufe der Geschichte, die Bahnbrechendes bewirken – die wirklich „wichtig“ waren, deren Leben für die Welt einen Unterschied ausmachte.

Die meisten von uns leben ein Leben, das wenig Bedeutung für den Lauf der Menschheitsgeschichte hat. Wir vergessen das zu oft und halten uns selbst für weltbewegend. *Very Important Person* steht für das Lebensgefühl unserer Zeit. *Jeder* möchte etwas Besonderes sein, etwas Einzigartiges erreichen.

Doch wenn jeder etwas Besonderes sein möchte, ist das ja eigentlich nichts mehr Besonderes. *Being special isn't so special*, schrieb der amerikanische Autor Mark Manson launig, an seine Zeitgenossen gerichtet.[58]

Ich glaube, ein wesentlicher Schritt aus dem Optimierungs-Teufelskreis ist es, die Aufmerksamkeit wegzulenken von der eigenen Person hin zu jenen Menschen und Dingen, die uns wichtig sind. Mehr Bescheidenheit, mehr Mäßigung, das werden in den nächsten Abschnitten wichtige Inhaltsstoffe für eine *Entoptimierung* unseres Lebensstils. Nicht so wichtig zu sein ist eine Gnade und kein Makel – diese Erkenntnis kann unheimlich beruhigend sein und uns mehr Gelassenheit schenken. Sie bedeutet weniger Stress und Angst vor Statusverlust. Die Optimierung als vermeintliche Glücksformel verliert schließlich an Bedeutung.

Auf den nächsten Seiten möchte ich beginnen, Auswege aus der Optimierungsfalle zu skizzieren. Dabei soll es nicht darum gehen, das ganze bisherige Leben zu hinterfragen und alles zu verändern – das wäre wohl wieder nur ein Optimierungsverhalten. Ich möchte zeigen, dass wir den Optimierungsdruck allein schon durch die Bewusstmachung einiger grundsätzlicher Lebenseinsichten und eine dezente Verschiebung von Prioritäten reduzieren können.

Auswege aus der Optimierungsfalle

Das Handwerk der eigenen Seele lernen

Optimierungsdruck begegnet uns in fast allen Lebensbereichen und er wird in Zukunft eher zu- als abnehmen. Wir können einzelnen Optimierungsbestrebungen ausweichen, aber an der nächsten Ecke lauert schon die nächste Verführung zur Optimierung. Ich werde auf den nächsten Seiten vorschlagen, dass wir viele Lebensbereiche *ent*optimieren sollten. Hier könnte man natürlich ein paar weitere Tools, einige lebenspraktische Tipps und Tricks geben. Doch das hieße, sich nur um die viel grundlegenderen Themen, die mit dem Optimierungsdenken und -handeln verbunden sind, herumzudrücken. Es geht um nichts weniger als um die Frage: Wie sollen wir leben?

Optimierung – das haben wir auf den letzten Seiten bereits gesehen – hat viel mit der Sehnsucht nach Orientierung zu tun. Wenn wir uns daher selbst klarer darüber werden, was gut und was nicht so gut in unserem Leben ist, was wichtig und was weniger wichtig ist, dann wären wir weniger stark abhängig von sozialen Vergleichen, oberflächlichen Zielen und hätten weniger Grund, uns vom Optimierungsdruck leiten zu lassen.

Leichter gesagt als getan. Dass es schwierig ist, wirklich selbstverantwortlich zu handeln, liegt nicht nur an unseren eigenen Unzulänglichkeiten. Die Optimierungsgesellschaft, in der wir leben, kennt im Wesentlichen nur eine Zielgröße: den eigenen Nutzen. Es ist schön, wenn man sich auf jemanden verlassen kann. Aber gemessen wird eine Person letztlich daran, wie sie den Eigennutz maximiert hat.

Ein Karrierist, der unter Ausnutzung seiner Mitmenschen und der Vernachlässigung seiner Familie zu materiellem Wohlstand kommt, wird zur angesehenen Person. Auch dann, wenn er mitten im Leben die eigene Familie auswechselt oder einen gehässigen Kleinkrieg mit seinen eigenen Kindern führt. Studien zeigen, dass Menschen, die besonders karriereorientiert sind, sich durch familiäre Verpflichtungen nicht von ihren Bestrebungen abhalten lassen.[59] Das hat natürlich Folgen für die Menschen in ihrer Umgebung, die aber kaum gesehen werden. Es gehört zum medial vermittelten Lebensgefühl, unangenehmen oder unerfreulichen Dingen und Situationen auszuweichen. Wenn es in der Partnerschaft irgendwie „nicht mehr passt" oder der Job „keinen Spaß macht", sollte man lieber hinschmeißen. Dieses Gefühl vermittelt uns eine Illusion von Freiheit, man kann gehen, wann immer man will. Es gibt ja noch unzählige andere Optionen, die es auszuprobieren gilt. Doch die Folge ist nicht mehr Freiheit, sondern mehr Fragmentierung. Wir bringen uns selbst um jene Dinge, die uns Halt und Stabilität bringen könnten. In einer „Kultur des Davonlaufens“ sind alle ständig auf der Flucht. Indem wir möglichst viel machen, alles ausprobieren, halten wir uns für Akteure, die das Leben im Griff haben. Doch in Wahrheit sind wir Getriebene und Umherirrende. Hier entsteht die große Sehnsucht nach Orientierung.

Um diese Sehnsucht zu stillen, beschäftigten sich die Denker zu allen Zeiten mit der oft zitierten „Kunst zu leben“ (*ars vivendi*). Doch Künstlerin oder Künstler zu sein, das ist nicht jedem von uns beschieden. Ein Lebenskünstler zu werden wäre wohl wieder ein Optimierungshandeln, das wir hier so kritisch betrachten. Künste haben zudem oft das Image des Abgehobenen, sie sind ein Angebot für wenige. Und so sind die Vorschläge der elitären Optimierungsflüchtlinge auch wiederum nur für eine Minderheit. Alles hinter sich zu lassen, Monate auf dem Jakobsweg unterwegs zu sein, den Kilimandscharo zu besteigen, eine Südpolexpedition um „sich selbst zu finden“ – wer kann und will das wirklich?

Ich möchte daher – mit Ihnen als Leserin, als Leser – gerne auf dem Boden bleiben. Die Orientierung, die wir brauchen, können wir uns auch anders holen. Keine weiteren Achtsamkeits- und Meditationsübungen, fernöstliche Entspannungsrituale oder Buddhismus-Bekehrungen. Um mit der Optimierungskultur umzugehen, braucht es keine Ich-Transformationen oder persönlichkeits- und bewusstseinserweiternde Therapien. Was wir brauchen, sind Wegweiser, die uns einen Pfad abseits der

Meinung anderer, der aktuellen Trends und unrealistischer Vergleiche weisen. Einen Pfad, auf dem kommerzieller Erfolg und materielle Güter nicht die einzigen Gradmesser sind. Einen Pfad, auf dem verantwortliches Handeln eine wesentliche Lebensgrundlage darstellt. Dieser Weg muss gefunden, ausgebaut, beschildert werden. Um diesen Weg begehbar zu machen, benötigen wir ein Handwerk (keine Kunst), mit dem wir uns in diesem Abschnitt beschäftigen: das *Seelenhandwerk*. Das Handwerk der eigenen Seele und des eigenen Lebens steht auf keinem Lehrplan, wird in keiner Schule, an keiner Universität unterrichtet. Dennoch kann jeder und jede von uns die Inhalte und Methoden dieses Faches selbst entwickeln und pflegen. Davon hängt ab, ob und wie unser Leben gelingt.

Die folgenden Seiten sollen einen Beitrag, einige Impulse liefern, um Ihnen zu helfen, Ihr Seelenhandwerk zu pflegen und zu entwickeln. Dazu gehört es einerseits, etwas sehr Unzeitgemäßes zu tun: *Stabilität* zu suchen. Jedes Schiff braucht einen sicheren Hafen. Und so kann uns die *Ent*optimierung nur gelingen, wenn wir *eine Komfortzone* haben, in die wir uns zurückziehen können. Von der aus wir zu unseren Expeditionen aufbrechen und in die wir nach Unwettern und Stürmen wieder zurückkehren können.

Der Optimierungsdruck lässt nach, wenn in uns selbst ein Maßstab entsteht, wann es genug ist. Wie viel *zu viel* ist. Was wir brauchen, und vor allem, was wir nicht brauchen. Alte Tugenden, wie beispielsweise die *Mäßigung*, können uns eine solche Richtschnur sein. Zu oft sind wir Getriebene, ja Sklaven unserer eigenen Gefühle. Ich möchte daher in einem weiteren Abschnitt vorschlagen, die eigenen *Gefühle* nicht zu ernst zu nehmen. Wir sollten nicht zulassen, dass sie unsere Gedanken und unsere Umwelt vergiften und uns zu Handlungen verleiten, die unsere Verbindungen zu anderen Menschen beschädigen.

Sich selbst zu finden, den eigenen Standort zu kennen sowie Orientierung zu gewinnen über sich und seine Beziehung zur Welt, sind zweifellos wichtige Bestandteile der eigenen Identitätsfindung. Darum zu ringen ist eine ständige Aufgabe des Seelenhandwerks. Die eigene „Lebensform" zu finden, wie Montaigne sagte, ist höchst persönlich. Niemand kann uns diese Aufgabe und die damit verbundene Verantwortung abnehmen. Damit ist sie gegenläufig zum Optimierungsdruck, der uns immer nur im Vergleich mit anderen zeigt, wo wir stehen und wer wir sind. Statt ständiger Flexibilität und volatiler Identität haben wir ein festes psychisches Zuhause, das auch bei Gegenwind stehen bleibt. Indem wir uns das bewusst machen, erlangen wir bereits ein wirksames Instrument des Seelenhandwerks zum *Ent*optimieren.

Auf dieser Basis möchte ich in den letzten Abschnitten mit Ihnen überlegen, wie man *Erfolge selbst definiert* und seine *Prioritäten im Leben* bewusst wählt. Letzteres erfordert einen gewissenhaften Umgang mit einem weiteren wichtigen Werkzeug des Seelenhandwerks: der Selektivität. Von den zahllosen Reizen, Informationen und Impulsen, die täglich auf uns einwirken, sind nur wenige für uns persönlich wichtig. Indem wir die Kontrolle über unsere Aufmerksamkeit zurückerlangen, gewinnen wir Lebensqualität. Das bedeutet vor allem eines: Wir müssen vieles einfach weglassen. Bewusst auf Dinge zu verzichten, weil wir sie in unserem Leben nicht als prioritär sehen, ist eine der zentralen Funktionen unseres Seelenhandwerks.

Doch alles der Reihe nach ...

Der Wert der Stabilität

Ein optimiertes Leben, das nur auf die Zukunft ausgerichtet ist, schneidet uns von unserer Geschichte ab. Veränderung um ihrer selbst willen verhindert die Entstehung von Stabilität. Ein Ausweg aus diesem unvorteilhaften Lebenskonzept muss daher mit der Frage beginnen: Wie können wir mehr Stabilität in unser Leben bringen?

Die stärkste Quelle des Optimierungsdrucks ist die Vorstellung, dass sich die Umwelt um uns ständig ändert – und wir nahtlos darauf reagieren müssen. Gleichzeitig bleibt dieser Veränderungsdruck irgendwie diffus. Die Forderung, dass „sich schnell etwas ändern muss“, ist in Wirtschaft, Gesellschaft, Politik, aber auch im Privaten zum Ritual geworden.

Der Soziologe Paul Virilio prägte dafür den Begriff des „rasenden Stillstands“. An der Oberfläche gibt es rasante Umbrüche, aber im Wesentlichen ändert sich eigentlich nichts. So werden Banalitäten – wie zum Beispiel die Ablösung von SMS durch WhatsApp – als Umbruch hochstilisiert, obwohl sich nicht einmal am Prinzip der Textkommunikation etwas geändert hat. Geschweige denn an unseren Lebensbedingungen. Die sind in West- und Mitteleuropa seit siebzig Jahren weitgehend stabil. Je stabiler alles ist, desto häufiger fällt das Wort Krise, um diesen Veränderungsdruck herbeizureden. Da es zu unserem Lifestyle gehört, Gegenwart und Zukunft zu hypen, die Vergangenheit dagegen abzuwerten, fehlt uns der historische Bezug, der Vergleich. Nur so ist es möglich, dass banalste technologische Veränderungen zu bahnbrechenden Umbrüchen werden. Riskieren wir den Blick in die Geschichtsbücher, erkennen wir, dass das weitgehend Selbstsuggestion ist.

Viele Frauen und Männer in längst verblassten Jahrhunderten haben sich tatsächlich mit massivsten Veränderungen ihrer Lebensumstände auseinandersetzen müssen. Manchmal mehrmals im Leben. Menschen, die ihre Zeit zwischen 1900 und 1950 in Mitteleuropa zugebracht haben, erlebten zwei Weltkriege. Den Untergang scheinbar stabiler Kaiserreiche. Währungsreformen. Testphasen eines demokratischen Staates. Wirtschaftsaufschwung und -krise. Brutale Diktatur und Massenmord. Viele haben, wenn nicht ihr Leben, so ihr Hab und Gut, ihre Ersparnisse, ihren Beruf, ihre Kinder und Ehepartner, ihre Eltern verloren.

Gut, das zwanzigste Jahrhundert war sehr „ereignisreich", könnte man sagen. Doch denken wir an die Zeit von 1789, Französische Revolution, bis 1815, Schlacht bei Waterloo. Der verbrecherische Angriffskrieg Napoleons auf den Rest Europas brachte Millionen den Tod. Die Zivilbevölkerung geriet zwischen die Fronten, keine Kriegspartei nahm auch nur die geringste Rücksicht. Viele Länder wechselten innerhalb weniger Monate oder Jahre mehrmals die Machthaber.

Es gab aber auch positive Veränderungen. Die staatliche Verwaltung vieler europäischer Länder wurde in dieser Zeit auf neue Beine gestellt, es gab vielerorts mehr Rechtssicherheit als vorher. Erste Fabriken entstanden, mancherorts wurde das Schulwesen modernisiert, der Einfluss der Religionen eingedämmt, die Zünfte abgeschafft und die Bauern befreit. Veränderungen auf allen Ebenen, wenig Komfortzone – in einem Zeitraum von zweieinhalb Jahrzehnten.

Was heute als Selbstzweck erscheint, wurde über Jahrhunderte als notwendiges Übel betrachtet. Die Einführung neuer Geräte und Innovationen wurde beispielsweise im Handwerk immer sehr kritisch beäugt. Erst wenn sich neue Methoden als eindeutig vorteilhaft erwiesen, wurden sie übernommen und routinemäßig eingesetzt.

Auch im gesellschaftlichen, politischen und rechtlichen Bereich galt das Stabile lange Zeit als etwas Gutes. Je länger sich eine Tradition, ein Stammbaum oder eine Institution zurückverfolgen ließ, desto wertvoller war sie. Die Zeitdauer des „Überlebens“ war eine Art Beweis für den Erfolg und verlieh Legitimität. Ein besonders gutes Beispiel für dieses Phänomen liefert die tausendjährige Geschichte der – Ende des 18. Jahrhunderts dann doch untergegangenen – Republik Venedig.

An einem späten Novembernachmittag betreten meine Frau und ich – das erste Mal in unserem Leben – den Dogenpalast von Venedig. Im Saal des Großen Rats befinden sich nur wenige Menschen. Eine eigenartige Stille liegt in dem Raum, der im Sommer von Touristen-Heerscharen heimgesucht wird.

An den oberen Enden der Wände zieren insgesamt 76 Gemälde den Saal. Es sind die Porträts der Dogen, der ehemaligen venezianischen Staatsoberhäupter. Nur das Bild von Marino Faliero ist mit einem schwarzen Tuch übermalt. Faliero war Mitte des 14. Jahrhunderts im hohen Alter zum Dogen gewählt worden. Nur kurze Zeit später fand er sich inmitten einer Verschwörung wieder. Einen Staatsstreich soll er geplant haben, eine Erbmonarchie das Ziel des Greises ohne männliche Nachkommen. Die Justizorgane der Republik fackeln nicht lange. Faliero wird enthauptet. Kein Doge soll je wieder auf die Idee kommen, seine Macht zu missbrauchen.

Der Dogenpalast und die Piazza San Marco waren einstmals Zentrum einer der stabilsten staatlichen Organisationsformen, die je existierte. In der Gründungsphase der Republik Venedig im ausgehenden 7. Jahrhundert war die Lagune ein sicherer Hafen für die Flüchtlinge des zusammenbrechenden Römischen Imperiums. Erst 1797 erlischt die Republik mit der Okkupation durch französische Truppen während der napoleonischen Kriege. Zu diesem Zeitpunkt feierte sie ihren 1100. Geburtstag.

Wie konnte ein relativ kleines Land in einer Zeit voller Kriege und Auseinandersetzungen, in einer Zeit, in der Großmächte kleinere Staaten nur als Spielbälle sahen, so lange überleben? Zentral war eine ausgeklügelte Machtbalance zwischen den verschiedenen Institutionen der Republik. Die Funktionen, denen Kompetenzen zugeordnet waren, wurden nur zeitlich befristet ausgeübt. Der Doge selbst – das Staatsoberhaupt – hatte weitgehend repräsentative Zwecke. Misstrauen gegenüber den Amtsträgern und gegenseitige Kontrolle waren die Grundlage für die beständige Weiterentwicklung der Institutionen, in deren Zentrum der Große Rat stand, ein Gremium, das noch am ehesten mit den heutigen Parlamenten vergleichbar ist.

Das klingt nicht gerade nach einem positiven Menschenbild, hielt aber dem Realitätsprinzip stand. Es gab immer ein erhebliches Maß an Dissens und Rivalitäten, an widerstreitenden Interessen. Doch dadurch war das sogenannte Gruppendenken wenig ausgeprägt. Gruppendenken bedeutet, dass in homogenen Gruppen die Mitglieder ihre Meinung an der Gruppenmeinung ausrichten. Das Ergebnis sind oft extreme und damit fehlerhafte Entscheidungen. Durch die richtige Balance gelang es den Venezianern, eine strategisch kluge Politik zu etablieren und zur bedeutenden Handelsmacht aufzusteigen.

Der Einfluss Venedigs im Mittelmeer erstreckte sich zwischenzeitlich bis Zypern. Durch die Nichteinmischung bei Konflikten der Großmächte bei gleichzeitiger militärischer Schlagkraft musste man sich erst der gewaltigen Übermacht der napoleonischen Truppen ergeben. Entscheidend für das langfristige Funktionieren dieses Gemeinwesens war aber sicherlich das Streben nach stabilen Institutionen.

Änderungen wurden vorgenommen, um das Stabile abzusichern, nicht um deren selbst willen. Venedig war keine Demokratie im modernen Sinne. Dennoch konnten die Venezianer sich auf ihr Gemeinwesen in einem Ausmaß verlassen, wie es für ihre Zeitgenossen in anderen Staaten undenkbar war. Stabilität und ein verantwortliches Staatswesen waren die Garanten für das ungewöhnlich lange Überdauern der Republik Venedig.

So lässt sich das grausame Schicksal von Marino Faliero verstehen. Das schwarz übermalte Bild soll nicht etwa die Erinnerung an ihn auslöschen. Es sollte eine Warnung sein für seine Nachfolger. Wer auch nur im Verdacht steht, die Machtbalance dieser fein austarierten Republik zu gefährden, wird kompromisslos ausgeschaltet. Die Venezianer wussten, wie wichtig Stabilität für das Funktionieren ihres Staatswesens war. Daher wollten sie auf keinen Fall zulassen, dass sie jemand leichtsinnig aufs Spiel setzt.

Ich möchte mit diesen Beispielen die Stabilität ein Stück weit umdeuten – in etwas Positives, in etwas, was für sich selbst Wert hat. Um sie zu erhalten und vor Stagnation zu bewahren ist sicherlich immer wieder Veränderung notwendig. Aber Veränderung ist kein Selbstzweck, sondern Mittel. Was für Gemeinschaften, Institutionen und Organisationen gilt, ist noch wichtiger für uns als Einzelpersonen.

Der Psychologe Fritz Riemann beschrieb in seinem Klassiker *Die Grundformen der Angst*[60] sowohl die Stabilität als auch die Veränderung als menschliche Grundbedürfnisse. Seinen daraus abgeleiteten Charakteren muss man nicht unbedingt folgen. Aber: Die spürbare Ambivalenz zwischen dem Streben nach Dauer, Beständigkeit, Verlässlichkeit auf der einen Seite und dem Bedürfnis nach Wandlung und Entwicklung andererseits erfordert offensichtlich eine gesunde Balance zwischen Stabilität und Veränderung.

Stabilität ist besonders wichtig bei zwischenmenschlichen Beziehungen. Von Beginn unseres Lebens an sind wir darauf angewiesen, dass wir zumindest eine Bezugsperson haben, die sich um uns kümmert. Als Neugeborenes, als Kind ist das sogar eine physische Notwendigkeit. Später im Leben bleibt die psychische Notwendigkeit, dass es zumindest einen Menschen gibt, der Anteil am eigenen Leben nimmt. Wie wichtig Stabilität ist, zeigte eine erstaunliche Forschungsarbeit der Soziologin Linda J. Waite und ihrer Kolleginnen.[61] Sie testeten den Zusammenhang zwischen Glück in der Ehe, Stabilität der Ehe und Wohlbefinden. Sie hatten folgende Thesen, die sie einzeln mit ihren gesammelten Daten überprüfen wollten:

1. Ehepartner, die sich trennen bzw. scheiden lassen, weisen mittel- und langfristig ein niedrigeres Wohlbefinden auf.
2. Unter jenen, die unglücklich mit ihrer Ehe sind, haben jene ein besseres Wohlbefinden, die sich

scheiden lassen (im Vergleich zu jenen, die bei ihrem Partner bleiben). Ihr Wohlbefinden steigert sich noch, wenn sie einen neuen Partner heiraten.

3. Das Wohlbefinden verschlechtert sich nach einer Scheidung, steigt aber nach ein oder zwei Jahren wieder auf das frühere Niveau an.
4. Frauen, die eine unglückliche Ehe verlassen, haben ein besseres Wohlbefinden als Männer, die eine unglückliche Ehe verlassen.

Alle diese Aussagen sind wohl intuitiv nachvollziehbar. Doch die Ergebnisse von Linda J. Waite bestätigen tatsächlich nur eine einzige dieser Aussagen, nämlich die erste: Ehepartner, die sich scheiden lassen, haben im Durchschnitt ein niedrigeres Wohlbefinden als jene, die verheiratet bleiben (selbst wenn die Ehe nicht glücklich ist!).

Es gibt sicherlich mehrere Erklärungen für dieses Ergebnis. Ich glaube, dass es vor allem eines zeigt: Stabilität in sozialen Beziehungen – und im Speziellen in der Partnerschaft – sind von eminenter Bedeutung. Gelingt es nicht, stabile, langfristige und verlässliche Beziehungen zu gestalten, hat das psychologische Auswirkungen. In diesem Fall auf unser Wohlbefinden.

Stabilität vermittelt Berechenbarkeit, etwas, worauf ich vertrauen und mich verlassen kann. Sie ist sehr eng verbunden mit dem Begriff der Loyalität, einem wichtigen Merkmal in Beziehungen aller Art. Sie funktioniert nur wechselseitig. Wenn ich auf etwas vertrauen möchte, muss ich in Vorleistung gehen und ein Beziehungsklima des Vertrauens schaffen. Loyalität kann einseitig nicht funktionieren, ist eine Person in der Beziehung illoyal, bricht das Vertrauen zusammen. Dennoch ist es offensichtlich möglich, durch verantwortungsvolles Handeln die eigenen Freundschaften, Partnerschaften und Eltern-Kind-Beziehungen so zu beeinflussen, dass ein vertrauensvolles Klima entsteht. Personen, die das schaffen, haben oft eine besondere Ausstrahlung, man möchte sie nicht durch illoyales Verhalten enttäuschen. Man ist geradezu herausgefordert, sich von seiner vertrauenswürdigsten Seite zu zeigen.

Zwischenmenschliche Beziehungen sind zwar eine bedeutende, aber nicht die einzige Säule der Stabilität in unserem Leben. Eine besonders eindrucksvolle Metapher für Stabilität ist jene des Lebenshauses.[62] Auf welchen Fundamenten steht das eigene Leben? Hier werden neben den *sozialen Beziehungen* auch die Bereiche *Arbeit und Leistung, materielle Sicherheit, Körper und Gesundheit sowie die innere Haltung* angeführt. Welche dieser Lebensbereiche sind besonders wichtige Fundamente? In welchen bestehen möglicherweise Schwächen? Welche wurden in letzter Zeit vernachlässigt? Welcher Bereich kompensiert vielleicht einen anderen? Indem ich mir diese Fragen stelle, kann ich ganz bewusst auf mehr Stabilität hinarbeiten.

Optimierung ist auf ständige Veränderung ausgerichtet. Damit untergräbt sie eines der wichtigsten menschlichen Bedürfnisse: Psychische, physische und soziale Stabilität ist eine notwendige Basis für unser Leben. Stabilität in den verschiedenen Lebensbereichen zu erlangen, bedeutet, sein Lebenshaus auf einem soliden Fundament aufzubauen. So ist man besser auf die Stürme des Lebens vorbereitet.

Entoptimieren – rein in die Komfortzone!

In einer hektischen Welt, so die Experten, müssen wir einfach noch schneller sein. Doch das ist eine Sackgasse. Was wir brauchen, ist mehr Ruhe und Kraft, mehr Zeit für Überlegung, mehr Gelassenheit.

„Raus aus der Komfortzone“ scheint einer der beliebtesten Slogans von Büchern, Beratern, Coaches und Trainern zu sein. Nur so sei Veränderung möglich, heißt es da – und die ist ja immer dringend notwendig. Vor allem weil das Geschäft dieser Experten davon abhängt, dass wir das glauben. Doch je mehr wir verändern, je schneller wir werden, desto weniger Zeit haben wir.

Früher schrieb man Briefe, man nahm sich Zeit für Schreiben, Lesen, Abschicken. E-Mails und elektronische Textnachrichten schienen eine sinnvolle, zeitsparende Innovation. Doch niemand konnte ahnen, dass nun das Dutzend-, Hundert-, Tausendfache an „Briefen“ verschickt wird. Der Zeitgewinn durch die schnelleren E-Mails wurde dadurch bei weitem zum Zeitverlust. In den letzten Jahrzehnten erleben wir in West- und Mitteleuropa stabile Verhältnisse, unsere ökonomischen Lebensbedingungen haben sich verändert, aber relativ kontinuierlich und zum Besseren. In kaum einer Zeit gab es so wie heute die Möglichkeit, in der Komfortzone zu leben. Viele Generationen vor uns haben genau das angestrebt und nicht erreicht. Es gibt keinen Anlass, sie zu verlassen, das Leben ungemütlicher oder unangenehmer zu gestalten. Im Gegenteil: Der technische Fortschritt ist gerade dazu da, uns alles komfortabler zu machen. Dennoch hören wir von überall die Rufe, wir müssen uns verändern, sind zu bequem geworden, so kann es nicht mehr weitergehen und Ähnliches. Warum nur?

Ich glaube, am besten lässt sich dieses merkwürdige Dilemma durch das Rasenmäher-Beispiel erklären:

Herr Huber ist in der Rente. Er hat immer sehr viel gearbeitet und viel Geld verdient. Er ist gerne in der freien Natur, vor allem wenn das Wetter schön ist. Daher kauft er sich einen großen Garten mit Wiese. Nach kurzer Zeit merkt Herr Huber, dass er mit dem Garten mehr Arbeit hat als gedacht. Die meiste Zeit verbringt er mit Rasenmähen. Stundenlang dreht er mit seinem Rasenmäher seine Runden. Er ist zwar viel an der frischen Luft, aber so hat er sich das irgendwie auch nicht vorgestellt. Eines Tages kommt sein Sohn zu Besuch, ihm klagt er sein Leid. Sein Sohn sagt: „Warum kaufst du dir keinen selbstfahrenden Rasenmäher? Da musst du selbst gar nichts mehr machen."

Herr Huber ist begeistert. Schon am nächsten Tag ist er im Baumarkt und kauft einen selbstfahrenden Rasenmäher. Herr Huber stellt einen Stuhl in den Garten und beobachtet den selbstfahrenden Rasenmäher beim Rasenmähen. Zuerst ist das spannend, dann etwas weniger, dann wird Herrn Huber langsam langweilig. Was soll er jetzt eigentlich mit der freien Zeit machen?

Herr Huber muss sich nun eine andere Beschäftigung suchen, er könnte Zeitung lesen, einen Cocktail trinken oder – und das ist wahrscheinlicher – sich eine andere Arbeit suchen. Dieses Beispiel gilt nicht nur für die Wiese des Herrn Huber, sondern steht für unseren heutigen Alltag. Tatsächlich erfinden wir ununterbrochen Dinge, die irgendetwas automatisch machen, was vorher von einem Menschen gemacht wurde. Für diese Menschen muss nun wieder eine andere Arbeit gesucht werden. „Arbeitsplätze schaffen" nennen das Politiker. Diese Redewendung zeigt die zeitgenössische Bedeutung der Arbeit auf.

Wir müssen Arbeit schaffen, weil unsere Innovationen uns Arbeit wegnehmen. Nun, der ursprüngliche Gedanke von Fortschritt war wohl genau der: uns Arbeit abzunehmen, mehr Freizeit, weniger Last, weniger Stress und Mühsal, mehr Lebensqualität, mehr Komfortzone! Doch Arbeit, insbesondere Erwerbsarbeit hat heute eine fast religiöse Wertigkeit, sie ist etwas Besonderes, man ist froh, dass man Arbeit hat. Diese Sichtweise ist neu, sie hat sich erst in der zweiten Hälfte des 19. Jahrhunderts entwickelt. Mit dem Aufstieg des Bürgertums, das durch der eigenen Hände Arbeit wohlhabend wurde.

Schon damals wurde das kritisiert, zum Beispiel durch den Philosophen Friedrich Nietzsche: „Zu keiner Zeit haben die Tätigen, das heißt, die Ruhelosen, *mehr* gegolten.“[63] Im bürgerlichen Habitus gewinnt die Geschäftigkeit eine besondere Bedeutung. Es kommt nicht unbedingt darauf an, dass man etwas Sinnvolles tut oder weiß, warum man etwas tut, es reicht, dass man – für andere sichtbar – beschäftigt und gestresst ist. Keine Zeit zu haben wurde zum Statussymbol, was Friedrich Nietzsche zu einem denkwürdigen Zitat veranlasste, das diese Sichtweise auf den Kopf stellt: „... wer von seinem Tage nicht zwei Drittel für sich hat, ist ein Sklave ...“[64] In früheren Epochen hatte die Arbeit ein weit schlechteres Image, sie war ein notwendiges Übel. Wer arbeiten musste, war hierarchisch weiter unten, die Elite war stolz darauf, nicht zu arbeiten. Im antiken Griechenland arbeiteten die niedrigeren Stände, die höheren Stände waren frei. *Sie hatten Zeit, ihre Komfortzone zu pflegen.* Sie konnten philosophieren oder etwas für die Gemeinschaft tun.

Geschwindigkeit erhöhen, die Technik ein- und überholen – bis zur nächsten „digitalen Revolution“, die uns wieder zu mehr Tempo und damit zu mehr *Optimierung* zwingt ... Das erscheint doch eher wie Don Quijotes berühmter Kampf gegen die Windmühlen.

Wir Menschen sind nicht für unendliche Geschwindigkeitssteigerungen gemacht. Unser Stresssystem ist noch recht archaisch eingerichtet. Wir sind gut darin, in kurzer Zeit Höchstleistungen abzurufen, aber dann brauchen wir eine Pause. Zentral ist die Balance zwischen Belastungs- und Entspannungsphasen. Kippt diese Balance dauerhaft, hat das für unseren Körper ernsthafte Folgen. Dauerstress führt zu Erschöpfungszuständen, das Immunsystem wird geschädigt, wir werden krank. Alles schneller, alles ständig verändern tut uns nicht gut. Die Balance zwischen Spannung und Entspannung ist auch deshalb so wichtig, damit wir in den wirklich kritischen Situationen handlungsfähig bleiben.

Tatsächlich waren und sind es Krisen, die Veränderungen von uns verlangen und uns aus unserer Komfortzone holen. Allerdings weitgehend unfreiwillig, fast ausnahmslos sind Krisen negativ behaftet. In der Psychologie spricht man von kritischen Lebensereignissen. Darunter fallen Ereignisse wie schwere Krankheit oder Tod von Familienangehörigen, der Arbeitsplatzverlust oder Gewalterfahrungen. Erlebnisse wie diese zwingen uns zu fundamentalen Neuanpassungen und Umorientierungen im Leben. Es geht nicht mehr so weiter, wie es war, die Bezugspunkte unseres Lebens haben sich verändert oder sind zerstört, unsere Komfortzone hat sich aufgelöst. Krisen sind Situationen hoher Fragilität. Das ist eine Situation der Chance, aber auch der Gefahr. Das Leben nimmt eine neue Richtung, deren Eigenschaften man noch nicht kennt. Egal, um welche Krise es sich handelt.

Veränderung ist hier nie Selbstzweck. Sie hat immer ein Ziel: Fragilität hinter sich zu lassen, Stabilität und Kontinuität zurückzugewinnen.

Ständig die Komfortzone zu verlassen, um unsere eigenen Technologien wieder einzuholen, das ist kein erfolgversprechender Weg. Noch schreien jene am lautesten, die Feuer mit Feuer bekämpfen wollen und an unser schlechtes Gewissen appellieren: Wir seien zu bequem geworden, zu verwöhnt, nun sei es an der Zeit, sich wieder mal am Riemen zu reißen, Veränderungen müssten her. Was wir brauchen in diesen Zeiten, ist das schiere Gegenteil: mehr Komfortzone, mehr stabile Ankerpunkte für unser Leben. Weniger Stress und weniger Hyperaktivität. Mehr denken, dafür weniger, aber überlegter handeln. Aber wie geht das?

In einem sehr nachdenklich machenden Interview gibt die Psychotherapeutin Michaela Huber Auskunft zu Fragen des richtigen Umgangs mit kleinen Kindern. Da fallen Wörter wie Sicherheit, stabile Bindungspersonen, Ruhe vermitteln, der Fels in der Brandung sein, sich Zeit nehmen, einen Schutzraum schaffen, Routine vermitteln.[65] Das Schaffen von Geborgenheit, die Entwicklung einer Komfortzone ist die zentralste Aufgabe der Eltern bis ins zwölfte, dreizehnte Lebensjahr hinein. Dieser sichere Hafen ist der Ausgangspunkt für all die weiten Reisen, die das Leben mit uns vorhat. Können wir immer wieder dorthin zurückkehren, haben wir einen Ort der Geborgenheit, von dem eine ganz besondere Kraft ausgeht, einen Hort der Resilienz. Die

Schauspielerin Jella Haase wurde im Gespräch mit einem Reporter der Zeitschrift *Hohe Luft* danach gefragt, was Sicherheit für sie bedeute. Sie gibt eine bemerkenswerte Antwort:

„Sicherheit ist ein Zustand frei von Risiken und Gefahren. Etwa das Gefühl, das ich hatte, wenn ich früher mit meiner Familie in unserem großen Ford Transit in den Urlaub gefahren bin. Meine Eltern saßen vorn, ich hinten mit meiner Schwester. Mein Vater drehte die Musik an, rauchte eine Zigarette. Da habe ich manchmal gedacht: Jetzt könnte ich bis ans Ende der Welt reisen. Dieses Gefühl stellt sich auch heute noch ein, wenn ich von Menschen umgeben bin, die mich so lieben, wie ich bin. Zu denen ich jederzeit zurückkehren kann, egal was passiert. Dadurch habe ich ein Grundvertrauen in mir, das mir die Sicherheit gibt, mich auszuprobieren. Ich weiß, dass es nicht schlimm ist, wenn mal etwas schiefgeht."[66]

Genau das ist mit Komfortzone gemeint. Sie ist ein Ort, an dem man sich sicher fühlt, an den man zurückkehren kann, wenn die Dinge schieflaufen, an dem man ohne Leistungsdruck einfach sein kann. An dem man vertrauen kann. Und von dem aus man wieder zu neuen Herausforderungen aufbrechen kann. Die Komfortzone ist eine Zone *psychologischer Sicherheit*. In der arbeitswissenschaftlichen Literatur wird dieser Begriff gebraucht, um zu beschreiben, dass sich jemand an seinem Arbeitsplatz wohlfühlt, sicher ist, von anderen nicht zurückgewiesen zu werden, wenn er beispielsweise Vorschläge macht. Wenn ein offener Umgang herrscht, ein gutes zwischenmenschliches Klima. Auszusprechen, was man denkt, sein zu können, wie man ist, eben kein anderer *sein* oder *werden* zu müssen – das ist Komfortzone.

Sie ist die Grundlage für Bindung und auch für Engagement. Hier muss ich nicht „auf Nummer sicher gehen", weil ich nicht Gefahr laufe, angegriffen, lächerlich gemacht oder betrogen zu werden. Und selbst wenn Konflikte entstehen und Kränkungen passieren, stehen wir auf einer sicheren Grundlage. In der Komfortzone unseres Lebens sind wir nicht gezwungen, bei einem Gespräch sofort den sozialen Vergleich im Blick zu haben, gewinnen zu müssen. Sie ist eine Zone frei von der Angst, zu verlieren. Sie ist unsere psychische Behausung, die uns vor den Witterungen des Lebens schützt.

Dennoch ist die Komfortzone mehr als die Sehnsucht nach dem nächsten Wellnessurlaub oder einfach nach Entspannung und Zerstreuung. Sie kann ein physischer Ort sein, ist aber vor allem ein *psychischer Zustand*. Ein Zustand des Nachdenkens, des Reflektierens, aber vor allem ein Zustand des direkten Kontaktes mit mir selbst und meiner Umwelt. Ohne mediale Vermittlung, ohne Ablenkung. Die direkte Auseinandersetzung mit der eigenen Seele ist orts- und zeitunabhängig, wie der römische Philosophenkaiser Marc Aurel schrieb, denn: „Steht es dir ja frei, zu jeder beliebigen Stunde dich auf dich selbst zurückzuziehen. Gibt es ja doch für den Menschen keine geräuschlosere und ungestörtere Zufluchtsstätte als seine eigene Seele [...].“[67]

Die eigene Seele als Komfortzone? Tatsächlich kann Geborgenheit auf verschiedene Arten erfahren werden, wie der Psychologe Hans Mogel betont. Vorhin war die Rede davon, wie wichtig Geborgenheit für Kinder ist, Erwachsene brauchen sie aber ganz genauso. Geborgen fühlen kann man sich demnach in seiner Umwelt, durch andere, aber eben auch durch sich selbst. Das können Alltagsrituale sein, die uns Sicherheit vermitteln, eine bestimmte Umgebung, Lieblingsorte, Lieblingsmenschen oder, wie im Falle von Hans Mogel, selbst der Strand verbunden mit dem Geruch des Meeres.[68]

Eine Frau berichtet ebenfalls von einer Komfortzone, die sie selbst „abrufen“ kann:

„In der Therapie habe ich das Fantasiereisen gelernt. Man sucht sich einen sicheren Ort, den man sich vorstellt, wenn man sich entspannen will. Ich sehe da immer eine verschneite Winterlandschaft und eine Hütte am Waldrand, der ich mich langsam nähere. Wenn ich die Türe aufmache, ist es dort behaglich warm. Dort möchte ich sein.“ (Julia, 36)

Für viele Menschen sind Hobbys und Freizeitaktivitäten wirksame Möglichkeiten, um sich in der Komfortzone zu fühlen. Das stellt sich nicht von heute auf morgen ein, sondern muss sich entwickeln.

„Mein liebstes Hobby ist das Malen. Ja, man kann sagen, das ist irgendwie meine Komfortzone. Wenn ich einmal dabeisitze, vergesse ich die Zeit. Ich bin sozusagen ganz in die Farben versunken und vergesse alle Sorgen." (Therese, 58)

Komfortzone bedeutet aber auch direkter Kontakt mit anderen Menschen:

„Für mich ist die Komfortzone meine Familie. Es gibt diesen Moment, wenn ich von der Arbeit oder woanders her heimkomme. Wenn ich die Türe aufsperre, spüre ich so eine Freude darauf, meine Lieben wiederzusehen. Die ganze Last des Tages ist mit diesem Moment weg." (Markus, 43)

Viele Menschen berichten schließlich von Orten in der Natur, besonderen Plätzen im Wald, am Berg, am Meer. Diese Zufluchtsstätten können recht unterschiedlich sein, immer aber haben wir es auch selbst in der Hand, sie zu suchen und an Umständen zu arbeiten, in denen sich Geborgenheit einstellen kann. Die eigene Komfortzone zu entwickeln, bedeutet, sichere Situationen und Orte im eigenen Leben zu schaffen, von denen aus wir überlegt an Dinge herangehen können. Die Komfortzone ist ein Beobachtungs- und Ruheposten. Sie ist entscheidend für die Stabilisierung unserer Persönlichkeit. Ohne Komfortzone bleiben unsere Erlebnisse, Erfahrungen, Beziehungen nur Fragmente, egal wie viele und wie toll sie auch sein mögen. Erst durch einen Bezugspunkt – die Komfortzone – bekommen sie eine Verbindung, einen Sinn. Nur durch eine Komfortzone schreiben wir im wahrsten Sinne des Wortes Geschichte, die eigene Lebensgeschichte.

In einer Welt der Optimierung brauchen wir nicht weniger, sondern mehr Komfortzone. Sie ist ein psychischer Ruhepol, ein realer oder vorgestellter Ort, an dem wir sicher sind. Die eigene Komfortzone zu finden und zu pflegen ist unsere Aufgabe.

Mäßigung – die Wiedererfindung einer Tugend

Michel de Montaigne schreibt in seinen Essais: „Unser großes und herrliches Meisterwerk ist: richtig leben. Alle anderen Dinge, Herrschen, Schätzesammeln, Bauen, sind höchstens nur Anhängsel und Beiwerke.“[69]

Glaubt man den zeitgenössischen Marktschreiern aller Art, geht es im Leben eigentlich nur ums Gewinnen. Dazu gibt es immer gleiche inhaltsarme, aber immer neu verpackte Floskeln und Stehsätze. Und so hört sich alles meist sehr ähnlich an: Kompetenzen und Skills auf Vordermann bringen; wer rastet, der rostet. Wer aufhört, besser zu werden, hört auf gut zu sein, immer weiter, schneller besser. Leben ist optimieren. Nur nicht stehen bleiben. Wer es doch tut, der verliert.

Doch geht's im Leben wirklich ums Gewinnen? Das wäre etwas Neues. Zweitausend Jahre Philosophiegeschichte hatte nicht das Gewinnen im Fokus, sondern das menschliche Leben an sich. Wie Erkenntnis zustande kommt und vor allem: Was ist ein „richtiges" Leben?

Das Ergebnis sind hart gewonnene Wahrheiten, die wir großen Denkern – wie Montaigne, Marc Aurel, Plutarch, Platon und vielen anderen – verdanken. Ihre Aussagen lassen sich vereinfacht so zusammenfassen: Extreme sollten vermieden werden. Von Optimierung ist da nicht die Rede. Dafür aber von Tugenden. Bereits bei Platon finden sich die sogenannten Kardinaltugenden, deren Pflege zentraler Bestandteil eines guten Lebens sein soll. Der römische Philosoph Marcus Tullius Cicero prägte die Idee der vier Haupttugenden Gerechtigkeit, Tapferkeit, Weisheit und Mäßigung.[70] Gerade Letzterer kommt eine besondere Bedeutung zu.

In den Aufzeichnungen des römischen Philosophenkaisers Marc Aurel finden sich zahlreiche Aufforderungen zur Mäßigung. „Richte dich nicht so ein, als solltest du noch zehntausend Jahre leben"[71], „Beschränke dein Tun auf das Notwendigste. Mach keine unnötigen Dinge"[72]. Das ist keine Anleitung zum Faulsein, vielmehr eine Warnung, nicht mit zielloser Geschäftigkeit seine Lebenszeit zu verplempern, sondern überlegt zu handeln.

Mäßigung heißt auch zu wissen, wann es genug ist. Der Philosoph Seneca schreibt dazu: „Lernen wir die Enthaltsamkeit zu steigern, die Genusssucht in Schranken zu halten, die Ruhmbegierde zu mäßigen, den Jähzorn zu lindern [...]."[73] Gerade materieller Erfolg ist den Philosophen eher ein Dorn im Auge. „Großer Reichtum ist ein Ziel für Gauner“[74], schreibt beispielsweise Plutarch. Das klingt in modernen Ohren eher nach alten Spaßverderbern und Langweilern.

Doch Mäßigung bedeutet nicht, einfach auf alles zu verzichten. Es geht um eine Balance unserer kurzzeitigen Wünsche und Impulse mit unseren langfristigen Zielen. Mäßigung beinhaltet jene persönlichen Stärken, die uns vor Exzessen schützen und unsere Persönlichkeit stabilisieren. Dazu gehört die Fähigkeit zur Vergebung, sie schützt uns vor dem Hass. Bescheidenheit und Anstand schützen uns vor Arroganz. Besonnenheit, Umsicht und Selbstkontrolle schützen uns davor, zu impulsiv zu sein und kurzzeitige Belohnungen zulasten langfristiger Ziele zu wählen.[75] Selbstkontrolle ist eine ganz wesentliche Grundlage der Mäßigung. Darüber wusste man schon in der Antike sehr gut Bescheid.

Plutarch berichtet vom Diadochen-König Lysimachos, der in einem Feldzug großen Durst litt und sich deshalb seinen Gegnern unterwarf. Nach einem Schluck kühlen Wassers erkannte er seinen Fehler: „O ihr Götter, für welch ein kurzes Vergnügen habe ich ein großes Glück weggeworfen!“[76]

Wer kennt das nicht? Der innere Schweinehund rebelliert allzu oft, wenn sich unseren Vorsätzen und langfristigen Zielen kurzfristige Annehmlichkeiten in den Weg stellen.

Für uns moderne Menschen ist der Kontext nicht unbedingt eine Schlacht, aber das Prinzip sehr ähnlich. Ich verspüre starke Lust auf ein Stück Schokolade, verzichte aber darauf, weil ich abnehmen möchte. Ich höre nach einem oder zwei Drinks auf und gehe nach Hause, anstatt mich die ganze Nacht hindurch zu betrinken, obwohl die Stimmung danach wäre. Meine Partnerin sagt etwas, was mich besonders verletzt, ich möchte losbrüllen und noch viel schlimmere Dinge sagen, aber ich schaffe es, darauf zu verzichten – die Versöhnung wird dadurch leichter. Jede Studentin, jeder Student kennt das: Eine große Prüfung steht an, die Nachbarin im Studentenheim hat Geburtstag und möchte eine große Sause veranstalten. Lernen oder Feiern? Wer sich in solchen Situationen öfter fürs Lernen als fürs Feiern entscheidet, verfügt über höhere Selbstkontrolle.

Studienergebnisse der modernen Psychologie bestätigen die herausragende Bedeutung der Selbstkontrolle für unsere Lebensqualität. Die Fähigkeit, seine eigenen Impulse und langfristigen Ziele in Einklang zu bringen, ist entscheidend für eine ganze Reihe von Lebensbereichen. Menschen mit höherer Selbstkontrolle erbringen bessere Leistungen in Schule, Studium und Beruf. Sie haben weniger oft psychische Probleme, höheres Selbstbewusstsein, stabilere und vertrauensvollere Beziehungen. Menschen mit höherer Selbstkontrolle zeigen weniger oft impulsives und aggressives Verhalten, werden seltener straffällig.[77] Mäßigung ist auch hier die Richtschnur, um eine konstruktive Selbstkontrolle nicht in Perfektionismus ausufern zu lassen. Sonst finden wir uns gleich wieder in der Optimierungsfalle.

Doch so wichtig Mäßigung und Selbstkontrolle für die eigene Lebensqualität sind, so schwer ist es, danach zu leben. Angebote zu Ablenkung und Konsum haben exorbitant zugenommen. Das hat Auswirkungen. Zunächst lassen wir uns noch ablenken, dann verlangen wir geradezu danach. Eine Zeitspanne ohne Reize oder neue Impulse wird sofort als langweilig angesehen. Lehrerinnen berichten, dass die Aufmerksamkeitsspannen ihrer Schüler deutlich zurückgehen. Studierenden reicht es nicht mehr, in einer Vorlesung der Vortragenden zuzuhören, sie schreiben mit, spielen ein Onlinespiel und WhatsAppen mit Freunden – alles gleichzeitig. Viele haben Schwierigkeiten, sich länger auf eine Sache zu konzentrieren und jene Dinge zu tun, die gerade wichtig sind.

Mäßigung und Selbstkontrolle bedeutet nicht einfach, auf alles zu verzichten oder gar seine Gefühle zu unterdrücken. Es geht um die Balance zwischen inneren Impulsen, langfristigen Zielen und den Interessen meiner Umwelt. Wenn wir rausmöchten aus dem Hamsterrad der Optimierung, dann ist sie die Tugend der Wahl.

Ihre Pflege kann Selbstzweck sein, muss es aber nicht: Je seltener diese Fähigkeiten existieren, desto wertvoller werden sie. In diesem Sinne sind Mäßigung und Selbstkontrolle Tugenden der Zukunft, wer sich darin übt, wird privat und beruflich erfolgreicher sein, das Leben wird besser gelingen. Auch wenn das zunächst sich gar nicht so anfühlt: Denn ist nicht immer die Rede davon, dass man alles rauslassen soll, was man spürt? Sich nur nach seinen inneren Impulsen richten soll, weil man sonst irgendwann explodiert? Das mag zwar kurzfristig erleichternd sein, langfristig zufriedener macht es nicht. Tugendhaft leben, das kann man nur, wenn man „sich selbst beherrscht und seinen eigenen Dienern gehorcht“[78].

Zu oft führt uns die Optimierung auf die falsche Spur. „Alles, und das jederzeit“ ist ein Lebensmotto, das uns zum passiven Konsumenten macht. Langfristig trägt das nicht zu einem gelingenden Leben bei. Sich auf alte Tugenden zu besinnen, bedeutet auch, die Kontrolle über das eigene Leben zurückzubekommen. Mäßigung heißt nicht einfach Verzicht oder nichts zu wollen. Mäßigung heißt zu wissen, *was* man will und wann es *genug* ist.

Gefühle nicht zu wichtig nehmen

Nach längerer Zeit treffe ich einen Bekannten aus meiner Studienzeit wieder. Ich frage, wie es ihm geht, und es sprudelt aus ihm heraus: „Ich habe seit einem halben Jahr eine neue Freundin. Es ist toll. Sie macht alles, damit ich glücklich bin, damit es mir gut geht." Ich freue mich für ihn. Doch später denke ich: Ein gefährliches Kompliment. Was, wenn sie das mit dem Glücklichmachen nicht mehr schafft?

Ich denke, die Episode zeigt, wie wir Gefühle heute sehen. *Glücklich zu sein ist eines der Ziele von Optimierung, wenn nicht das wichtigste.* Ob ich glücklich bin, weiß ich nur, wenn ich in mich hineinhorche und mich frage: Habe ich jetzt Gefühle des Glücks? Das eigene Empfinden wird so zur Richtschnur für alles. Doch zurück zum Beispiel meines Bekannten: Niemand ist dafür da, jemand anderem bestimmte Gefühle zu „geben", und schon gar nicht ihn „glücklich zu machen". Das ist ein Anspruch, der nicht zu erfüllen ist.

Außerdem ist das auch gar nicht sinnvoll. Partnerschaft besteht aus viel mehr, als einfach „glücklich zu sein", sondern auch aus schwierigen Phasen, Kränkungen, Entfremdungen, schwierigen Umständen, Krisen. Und das ist auch kein Wunder: In kaum einer anderen Beziehung öffne ich mich so stark, mache mich so angreifbar. Dass es hier nie zu einer Enttäuschung kommt, ist eine fast absurde Vorstellung. Im Idealfall hält man das aus, weil die Komfortzone der Partnerschaft stark genug ist. Paare, die schwierige Situationen bewältigt haben, sind meist zufriedener mit ihrer Partnerschaft und ihrem Leben.

Gefühle haben in unserer Gesellschaft eine enorme Bedeutung, und – wie ich glaube – eine zu große. Studien haben gezeigt, dass in Gesellschaften, in denen Konsum und materielle Werte besonders wichtig sind – und damit der Optimierungsdruck besonders stark ist –, die eigene Lebenszufriedenheit über das Erleben positiver Gefühle definiert wird.[79]

Das klingt plausibel, macht aber auch extrem verletzlich.

In sich „hineinhorchen“, sich über Gefühle klar werden, sie rauszulassen, unterdrückte Gefühle ans Tageslicht zu bringen, das soll irgendwie gut sein. Therapien und Beratungsgespräche drehen sich oft ausschließlich um Gefühle. Auch wenn das sicher nicht grundsätzlich verkehrt ist, führt das nicht selten in eine Sackgasse. Innere Zustände kommen und gehen, sie sind nicht allzu zuverlässig. Eine unverschämte Mail des Kollegen macht mich wütend: Nach einem kurzen persönlichen Gespräch verstehe ich den Zusammenhang und ich schäme mich sogar für meine anfängliche Wut.

Ärger herauszulassen gilt als besonders heilsam. Doch was kaum jemand bedenkt: Meist gibt es Opfer. Jemand wird beschimpft und schwer gekränkt. Beziehungen, Freundschaften können auf diese Weise so schwer beschädigt werden, dass sie nicht mehr zu kitten sind. Der Psychologe William James hatte da einen guten Ansatz. Handlungen sind demzufolge viel wichtiger als Gefühle, sie verbinden uns mit den Menschen, während uns Gefühle auf unser inneres Erleben begrenzen. Handlungen stehen unter unserer direkten Kontrolle, Gefühle nicht.[80] Also: Auch wenn ich mich verärgert oder verletzt fühle, kann ich so handeln, als hätte ich eine gute Verbindung zu der anderen Person. Dieses positive Handeln löst schließlich beim Gegenüber auch wieder eher prosoziales Verhalten aus und eine Verbindung kann „heilen“. Das mag sich unrealistisch anhören und in der Praxis nicht immer durchführbar sein, aber ein Anhaltspunkt, eine Orientierung ist es schon.

Gefühle kommen und gehen, Stimmungen ändern sich, meist ist das nicht unsere Schuld. Daher mein Vorschlag: Entziehen wir ihnen die Bedeutung. Zum Leben gehört es unweigerlich, dass wir auch negative Gefühle erleben. Darauf kommt es nicht an, sondern wie wir damit umgehen. Der Psychiater Michael Bennet und seine Tochter Sarah sagen in einem Interview zu ihrem Buch *Fuck Feelings*: „Was man tut, wenn man unglücklich ist, sagt sowieso viel mehr über einen Menschen aus. Mit Schmerz zu leben und dennoch eine gute Person zu sein – das ist eine viel größere Leistung, als glücklich zu sein.“[81]

Wir haben schon früher in diesem Buch die Bedeutung des sozialen Vergleichs für Optimierungshandeln diskutiert. In diesen Vergleichen – die sehr oft medial vermittelt sind – ziehen wir unweigerlich immer wieder den Kürzeren, egal wie sehr wir unsere Selbstoptimierung vorangetrieben haben. Dieses Scheitern verursacht negative Gefühle in uns, wir haben Angst, sind gekränkt oder werden wütend, vielleicht fühlen wir uns auch einfach nur schlecht. Den Gefühlen die absolute Priorität zu nehmen, bedeutet bereits zu *entoptimieren*.

Das muss nicht bedeuten, dass wir uns nicht mehr mit uns selbst auseinandersetzen. Alternativ zur Erforschung und Analyse der eigenen Gefühle kann die gedankliche Reflexion dafür eine bessere Methode sein. Reflexion setzt voraus, dass wir Zeit alleine verbringen, ohne Input von außen. Dass wir mit unseren Gedanken alleine sind. Dazu reicht oft ein längerer Spaziergang, das Betrachten eines Sonnenuntergangs am See, eine längere S-Bahn-Fahrt. Diese Zeit ermöglicht es, sich über die eigenen Werte, Prioritäten und Ziele im Klaren zu werden.

Positive Gefühle zu erleben, das ist das Ziel von Optimierung. „Vertrau deinem Gefühl", klingt logisch und sinnvoll. Gefühle aus der Tiefe unserer Psyche herauszuholen und sie rauszulassen gilt als gut. Doch sehr oft sind Gefühle gar keine so guten Ratgeber. Heute fühlt sich das richtig an, morgen etwas anderes. Ein gesundes Misstrauen unseren Gefühlen gegenüber ist anzuraten. Schaffen wir bessere Grundlagen für unser Handeln und unsere Entscheidungen. Verlagern wir den Fokus weg von den Gefühlen hin zur bewussten Auseinandersetzung mit viel wirkungsvolleren Werkzeugen des Seelenhandwerks – wie Werten, Prioritäten und Zielen. Darum geht es in den nächsten Abschnitten.

Die eigenen Werte finden statt sich selbst optimieren

Schon wieder hatte Montaigne das richtige Zitat: „Wir trachten nach anderen Lebensformen, weil wir die unsere nicht zu nutzen verstehen. Wir wollen über uns hinaus, weil wir nicht erkennen, was in uns ist. Doch wir mögen auf noch so hohe Stelzen steigen – auch auf ihnen müssen wir mit unseren Beinen gehen. Und auf dem höchsten Thron der Welt sitzen wir nur auf unserem Arsch."[82]

„Wir sagen dir, was in dir steckt" – so wirbt eine Beratungsfirma für ihren Berufseignungstest. Sich selbst finden und sich selbst verwirklichen bedeutet allzu oft, irgendeine verschüttete Wahrheit über sich selbst aus den Tiefen des eigenen „Ich" zum Vorschein zu bringen. Eigene Fähigkeiten, Talente, Werte, ja Lebensziele scheinen „dort unten" versteckt zu sein. Im inneren Monolog, in der Befolgung der eigenen Gefühle werden diese wertvollen Wahrheiten hervorgeholt. Doch nicht immer ist das von Erfolg gekrönt. Was gestern meinem Gefühl entsprach, ist heute irgendwie nicht mehr so stimmig. Wofür ich vor wenigen Wochen noch brannte, hinterlässt jetzt nur noch Leere. Trotz des zeitgenössischen Selbstverwirklichungs-Mantras sind Burnout und Depression die Epidemien unserer Zeit. Warum nur?

Selbstoptimierung bedeutet Beschäftigung mit mir selbst, mit meiner Leistung, meinem Aussehen, meinen Gefühlen. Reize aus der Umwelt dienen dem Vergleich, sind aber immer auf mich selbst bezogen, als wäre ich das Zentrum des Universums. Einiges spricht dafür, dass diese Form der Beschäftigung mit mir selbst mehr Schaden anrichtet als nützt. Das Kreisen um sich selbst wird zum Grübeln und man dreht sich in einer Spirale immer nur um das eigene Ich, dessen Eigenschaften aber irgendwie unbestimmt bleiben. Nicht umsonst sind sogenannte

Flow-Erlebnisse gerade Erfahrungen, in denen wir uns selbst „vergessen". *Unsere Individualität finden wir nicht, indem wir uns mit der Optimierung unseres Ich beschäftigen.* Wir sind keine abgeschlossenen Container, sondern auf den Austausch, den Dialog, die Auseinandersetzung mit der Umwelt, mit anderen Menschen angewiesen.

Das eigene Ich lässt sich nicht einfach allein durch intensives Nachdenken oder Meditieren „finden", denn es geht wesentlich um unsere übergeordnete Rolle in der Welt der Menschen. Wir benötigen Bezugspunkte außerhalb von uns und jenseits des sozialen Vergleichs, denn der ist variabel und instabil. Die entscheidende Frage lautet: Was können wir der Welt anbieten, ihr geben? Sich selbst zu finden bedeutet in diesem Sinne, sich selbst als Teil eines größeren Ganzen zu sehen.

Selbstverwirklichung wird so zur Suche nach der eigenen Rolle, dem richtigen Platz in der Welt. Grundlage dafür ist ein immerwährender Austausch zwischen Person und Umwelt, ein Abgleich zwischen den eigenen Anlagen, Talenten, Fähigkeiten, Interessen, Gefühlen und äußeren Normen, Werten, Ritualen, Anforderungen.

Bleibt Selbstverwirklichung dagegen auf die Erforschung innerer Vorgänge beschränkt, ist jedes Handeln auf das eigennützige „Was bringt's mir?" zurückgeworfen. Jeder Handlung liegt der Gedanke meiner persönlichen Nutzenmaximierung zugrunde. Damit bleibe ich in der Optimierungsfalle gefangen.

Erst durch die Interaktion mit meiner Umwelt können Verantwortung und das Gefühl für verantwortliches Handeln entstehen. Hier kommt die moralische Frage ins Spiel, die so einfach wie klar von Immanuel Kant gestellt wurde: *Was soll ich tun?* Wir sollten nach dem Guten streben, beantwortet Kant seine eigene Frage. Nur: Gibt es das überhaupt das Gute? Und wenn ja: Was soll das genau sein? Ist das Leben schwarz und weiß oder besteht es aus unzähligen, ohnehin kaum unterscheidbaren Grauschattierungen?

Der amerikanische Psychologe Blaine Fowers liefert dazu wertvolle Einsichten, indem er die vier von Aristoteles beschriebenen Charaktertypen aufgreift. Das Gute wollen und demnach handeln bedeutet in diesem Sinne, einen Ausgleich zu schaffen zwischen den inneren Impulsen und dem, was in einer bestimmten Situation verantwortungsvoll wäre.

Die *Zügellosen* scheitern an dieser Anforderung. Sie spüren keinen Konflikt zwischen inneren Impulsen und moralischen Verpflichtungen, weil Letztere für sie nicht existieren. Ein Ehemann betrügt seine Ehefrau ohne Gewissensbisse. Er vermeidet nur deshalb erwischt zu werden, um keinen Ärger zu bekommen. Die *Unbeherrschten* dagegen kennen ihre moralischen Verpflichtungen und möchten sich auch danach verhalten, aber schaffen es nicht, weil sie nicht die erforderliche Selbstkontrolle aufbringen können. Der Ehemann betrügt seine Ehefrau, fühlt sich danach aber sehr schlecht. Anders die *Beherrschten:* Sie sind in der Lage, ihre Impulse zu kontrollieren. Ein solcher Ehemann fühlt sich vielleicht von einer anderen Frau angezogen, aber er entscheidet sich bewusst gegen den Betrug, weil er ihn für moralisch falsch hält. Doch erst der *besonnene* Charakter empfindet gar keinen Konflikt mehr zwischen inneren Impulsen und dem moralisch Richtigen. Er ist stolz darauf, moralisch richtig und loyal gegenüber seiner Partnerin zu handeln.[83]

Es wäre absurd zu glauben, man könnte in allen Bereichen immer besonnen sein. Dennoch liefert dieses Charakterschema einen hilfreichen Ansatzpunkt für den Anspruch an das eigene moralische Handeln. Fähigkeiten, die das „Gute“ in uns unterstützen, die helfen, es zu pflegen und auszubauen, sind eine wesentlich vielversprechendere Strategie, als ständig das Gefühl zu haben, man müsse auf etwas verzichten.

Der französische Essayist Étienne de La Boétie vertrat in seinem Buch *Die freiwillige Knechtschaft* die These, dass man einen Tyrannen gar nicht bekämpfen müsse – es reiche, ihm die Unterstützung zu versagen, um ihn zu stürzen.[84] Ich möchte das ein wenig umdeuten: *Ich muss meine inneren Tyrannen, meine negativen Impulse nicht ständig bekämpfen oder unterdrücken. Es reicht zu beschließen, ihnen nicht mehr zu dienen.*

Unsere Moral- und Wertvorstellungen sind entscheidend für unser Verhalten. Sie bestimmen, wo wir unsere Prioritäten setzen, wie wir unsere Zeit nutzen, was wir tun und was wir lassen, und damit letztlich auch, *wer wir sind*. Doch das geschieht meist unbewusst. Selten oder nie denken wir im Alltag über grundlegende Werte unseres Lebens nach.

Tatsächlich scheint dieser Nachdenkprozess über eigene Wertvorstellungen aber besonders wichtig. Hier geht es nicht um das Erforschen oder Erspüren eigener Gefühle, sondern um die bewusste Auseinandersetzung mit den Orientierungsschildern unseres Lebens. Solche Nachdenkprozesse finden häufig nach bestimmten Lebensereignissen statt, wie traumatischen Erfahrungen, oder auch bei der Verarbeitung völlig neuer Denkinhalte, wie während der Ausbildung oder im Berufsleben. Aber man muss nicht auf solche Ereignisse warten. Nachdenken über die eigenen Wertvorstellungen, und damit willentlich den Fokus auf die wichtigen Grundpfeiler des eigenen Lebens legen, kann man jederzeit.

Psychologen unterscheiden bei Wertvorstellungen üblicherweise zwischen *intrinsisch* und *extrinsisch*. Intrinsische Werte setzen uns in Beziehung zu der „Welt da draußen", indem wir anderen helfen, indem wir uns um unsere Familie und Freundschaften bemühen. Sie sind eine Belohnung für sich selbst. Extrinsische Werte dagegen fokussieren auf den eigenen, persönlichen Nutzen, zum Beispiel indem wir nach Reichtum streben, Karriere machen möchten, nach bestimmten Belohnungen jagen. Wir machen etwas nicht um seiner selbst willen, sondern weil wir ein konkretes Ergebnis erwarten.

Jeder Mensch hat intrinsische und extrinsische Wertvorstellungen. Die Frage ist nur mit welcher Gewichtung. Und hier zeigt die psychologische Forschung deutliche Ergebnisse. Menschen, die den Fokus eher auf intrinsische Werte legen, schildern eine bessere Lebensqualität und generell bessere psychische und physische Gesundheit. So berichteten in einem Experiment jene Teilnehmenden, die sich vier Wochen lang mit ihren persönlich wichtigsten intrinsischen Werten auseinandersetzten (dabei lasen und verfassten sie Texte und wurden täglich mit Zitaten konfrontiert), über bessere Befindlichkeit als eine Gruppe, die sich vier Wochen mit Alltagsroutinen beschäftigte.[85]

Alleine der Fokus auf die mir wichtigen Werte und damit das Ausblenden zahlloser Vergleiche und Gelegenheiten, sich schlecht zu fühlen, scheint zu verbesserter Befindlichkeit zu führen. Doch nicht nur das. Vorhin war die Rede davon, dass unsere Wertvorstellungen unser Verhalten beeinflussen.

Menschen, die sich ihrer Wertvorstellungen bewusst sind, erreichen eher ihre Ziele.

Jene, die ihre Priorität auf extrinsische Werte legen (also zum Beispiel Geld, Image, Karriere), verfolgen extrinsische Ziele und erreichen sie.

Andere, die ihre Priorität auf intrinsische Werte (also beispielsweise persönliche Entwicklung, gute Beziehungen, ehrenamtliche Tätigkeiten) legen, verfolgen intrinsische Ziele und erreichen sie.

Dennoch scheint es nicht egal, *welche* Wertvorstellungen man priorisiert. Menschen, die extrinsische Ziele verfolgen (und auch erreichen!), berichten von schlechterer Lebensqualität als Menschen, die intrinsischen Zielen folgen und sie erreichen. Das wird in der Forschung damit begründet, dass intrinsische Werte den psychologischen Bedürfnissen der Menschen nach Autonomie, Kompetenz und Eingebundenheit besser entgegenkommen als extrinsische Ziele.[86]

Gehen wir nochmals einen Schritt zurück und betrachten das ganze Bild. Optimierung hat viel mit (mangelnder) Orientierung zu tun. Weil wir in vielen Lebensbereichen nicht alles wissen können, orientieren wir uns einfach an Vergleichen mit anderen und versuchen uns gleichzeitig in der Analyse verschütteter Gefühle im Untergrund unserer Seele. Wir haben im ersten Teil des Buches gesehen: Das ist eine Sackgasse. Aber diese Erkenntnis beantwortet noch nicht die Frage: *Was sollen wir tun?*

Sich selbst finden statt sich selbst optimieren geht nicht, ohne das sperrige Thema der Moral- und Wertvorstellungen zu berühren.

Das Richtige zu tun, bedeutet nicht, einfach das zu tun, was sich im Moment gut anfühlt. Es bedeutet, das zu tun, was uns näher an andere Menschen heranführt, was unsere Verbundenheit mit anderen verstärkt. Aristoteles nannte dieses Handeln *besonnen.*

In der modernen Psychologie nennt man es, *intrinsischen Werten folgen.* Menschen, die das tun, sind zufriedener und gesünder. Und nun kommt der entscheidende Punkt:

Wir können aktiv beeinflussen, welchen Moral- und Wertvorstellungen wir folgen. Indem wir für uns jene Werte und Ziele bewusst machen, die uns wichtig sind, setzen wir Prioritäten für unser Verhalten.

Damit sind wir weniger abhängig von Vergleichen und Optimierungshandlungen. Wir müssen nicht mehr jeder Mode folgen, wir können die Vergleiche mit anderen auf ein sinnvolles Maß beschränken. Wir wissen, warum wir etwas tun, und vor allem, warum wir etwas nicht tun. Wir definieren Erfolg selbst und setzen selbst die Prioritäten, genau darum geht es in den nächsten beiden Abschnitten.

Erfolg selbst definieren

Wenn wir Erfolg selbst definieren, hören wir auf, Zielen nachzujagen, von denen wir glauben, dass wir sie haben sollten. Nur wir selbst sind in der Lage, eine Balance, ein richtiges Maß zwischen den eigenen Anlagen und unserer Umwelt zu finden. Erfolg selbst definieren heißt, den Kompass für unser Leben neu auszurichten.

#1 Erfolg lässt sich *nicht* kopieren

Es ist ein blitzblauer Spätsommernachmittag im Yachthafen von Antibes an der Côte d'Azur. Jacques lehnt sich lässig auf die Reling seiner Yacht, um mit einem Passanten zu sprechen, der gerade am Steg vorbeigeht. Es ist ein Handwerker, der zuletzt auch auf Jacques' Boot eine Reparatur durchgeführt hat. Er ist unterwegs zu einer jener großen Yachten im Hafen, die gerade ein „Neureicher" – wie Jacques das nennt – gekauft hat. Kostenpunkt 15,9 Millionen Euro. Der Handwerker beschreibt begeistert mit ausladenden Gesten die Eigenschaften der AE Cap d'Antibes.

Das Ding ist fast sechzig Meter lang und verfügt über sechs Kabinen, weiß er zu berichten. Jacques nickt nur und verzieht das Gesicht. Der Handwerker verabschiedet sich mit einem fröhlichen Gruß, Jacques' Laune ist dahin. Sein Boot hat nur einen Bruchteil gekostet und es ist viel kleiner. Das Gespräch mit dem Handwerker hat ihn daran erinnert. Es ist wie ein Faustschlag in die Magengrube. Der Vergleich mit anderen tut körperlich weh.

Wie schön könnte das sein, werden Sie sich jetzt vielleicht denken. Mit Jacques' „kleinem" Boot vor der französischen Küste auf und ab fahren. Der Geruch des Meeres, der Fahrtwind im Gesicht. An Deck liegen, schwimmen, abends Fisch essen mit französischem Rotwein. Warum kann Jacques das nicht einfach genießen, anstatt sich wegen des Vergleichs mit anderen zu ärgern?

Die Anerkennung durch andere ist uns oft wichtiger als der Respekt vor uns selbst. Jana und ihr Mann haben lange geglaubt, dass es ihr Traum sei, ein Haus zu bauen. Sie verschulden sich, setzen ihre Gesundheit aufs Spiel. Janas Mann hat von den Bauarbeiten einen Bandscheibenvorfall. Als dann alles fertig ist, sagen sie im Rückblick: „Am schönsten war es in unserer Mietwohnung. Heute kommen wir von der Arbeit heim und sind ununterbrochen am Arbeiten. Rasen mähen, Putzen, Instandhaltung, Reparaturen." „Warum habt ihr es dann gemacht?", frage ich erstaunt. „Alle, die wir kennen, machen das auch. Unsere Bekannten und Freunde würden komisch schauen, wenn wir noch zur Miete wohnen würden."

Aber was nützt das, wenn wir in Wahrheit für etwas geliebt und anerkannt werden, für etwas Wertschätzung erhalten, was wir nicht sind? So geht es letztlich nicht darum, was wir tun, sondern aus welchen Motiven. Kaufen wir ein Haus, ein teures Auto oder – entsprechend den finanziellen Möglichkeiten – eine Yacht *für uns*? Oder weil wir im Vergleich *mit anderen* uns verbessern, uns optimieren müssen?

Diese Frage ist von eminenter Bedeutung. Der amerikanische Autor und Philosoph Ralph Waldo Emerson warnte mit drastischen Worten vor der Gefahr, andere zu kopieren: „Neid ist Ignoranz, Imitation ist Selbstmord."[87]

Es könnte auch anders sein in unserem Hausbau-Beispiel. Das Haus könnte die Leidenschaft von Jana und ihrem Mann sein. Jana könnte Gartenarbeit lieben und ihr Mann ein Faible für Instandhaltung haben. Ihr Haus könnte ein Treffpunkt für die ganze Familie sein. Sie würden Freunde einladen, im Sommer grillen. Dann wäre ihr Leben im Haus ihre Art, Erfolg zu definieren, ihre eigene – nicht entlehnte – Form, ihre Lebensgeschichte zu schreiben.

Erfolg lässt sich nicht kopieren. Keine Kopie ist so gut wie das Original. Und so ist es besser, selbst ein eigenes Erfolgsoriginal zu schaffen, als andere zu imitieren.

#2 Erfolg ist, die eigene Geschichte zu schreiben

Zu oft sehen wir Erfolg und Glück in der Zukunft. Wenn dieses oder jenes Ereignis einträte, dieses oder jenes noch in unseren Besitz überginge, dann, ja dann wären wir glücklich. *Das sind die Denkmuster der Optimierung.* Doch äußere Ereignisse ändern diese Denkmuster nicht. Selbst der Lottogewinn würde – wie das obige Beispiel zeigt – nichts ändern. Irgendjemand hat immer noch eine größere Yacht, zufrieden wären wir nie. Wer ununterbrochen an die Zukunft denkt, ist nie in der Gegenwart. Plutarch schrieb dazu: „[Die Unvernünftigen] sind mit ihren Gedanken immer bereits in der Zukunft. Die Verständigen aber machen sich das Gute, selbst wenn es nicht mehr da ist, in ihrer Erinnerung lebendig und gegenwärtig."[88]

Weil wir uns mit der Gegenwart unbehaglich fühlen, projizieren wir ein positives Fantasiebild von Erfolg und Glück in die Zukunft. Es ist nichts Schlechtes daran, Pläne zu machen und an die Zukunft zu denken. Es ist gut, an der Verbesserung der eigenen Lebensumstände zu arbeiten. Aber die eigene Lebensgeschichte schreibt sich nicht über eine Vision von der Zukunft. Wir schreiben sie, indem wir einen roten Faden, eine innere Logik finden, zwischen unserer Vergangenheit, der Gegenwart und dem, was wir uns für die Zukunft vornehmen.

Erfolg muss nicht in der Zukunft liegen. Erfolg ist, wenn der eigene Lebensverlauf ein stimmiges Gesamtbild ergibt. Er hängt von den Prioritäten ab, die ich jetzt setze, nicht nur davon, ob ich langfristige Ziele erreiche. Es ist ein Erfolg, wenn ich die Gewissheit habe, dass ich den richtigen Lebensweg eingeschlagen habe.

Die australische Marketing-Autorin Bernadette Jiwa beschreibt in ihrem Buch *Story Driven*, wie wir von Beginn unseres Lebens an auf Vergleich und Wettbewerb gepolt werden. Ihr Alternativkonzept lautet: „You don't need to compete, when you know who you are"[89] – „Du brauchst nicht zu konkurrieren, wenn du weißt, wer du bist". Die eigene Identität, die eigene Geschichte sind demnach die Erfolgsfaktoren für Unternehmen, aber auch für Menschen. Wenn wir mit der eigenen Lebensgeschichte Sinn „erzeugen", stellt sich die Frage nach dem Wettbewerb nicht, Imitation und Vergleich verlieren an Bedeutung.

Wie wir die eigenen Ziele setzen und Erfolg für uns definieren, hängt davon ab, wie wir unsere eigene Lebensgeschichte schreiben – und ist damit kompromisslos individuell. Dennoch ist es nicht egal, welchen Zielen man folgt, wie wir bereits gesehen haben.

Menschen, die intrinsischen Werten folgen, berichten über höhere Lebensqualität und bessere psychische und physische Gesundheit als jene, die das nicht tun. Persönlich relevanten Zielen zu folgen hat eine große Bedeutung für unser Leben.

Aber: Es geht nicht nur um das Wertegerüst, das hinter den Zielen steht. Es geht auch darum, inwieweit unsere Ziele im Einklang mit äußeren Bedingungen und inneren Bedürfnissen stehen.[90] Wenn sie das tun, dann trägt das Streben nach ihnen zu mehr Wohlbefinden und einem gelingenden Leben bei. Gelingt es nicht, diese Balance herzustellen, hat dies wiederum negative Auswirkungen.

Haben wir diese Balance erst einmal erreicht, verlieren Erfolge und Misserfolge ihre bahnbrechende Bedeutung. Man kann sich über Erfolge freuen, ohne überzuschnappen, und kann mit Misserfolgen leben, ohne im Tal der Tränen zu versinken. Der römische Philosoph Seneca nannte diesen Zustand *Seelenruhe*. Das gute Leben bedeutet in diesem Sinne nicht automatisch, immer glücklich zu sein oder dass aus allen Rohren Champagner fließt, sondern dass wir nach dem Guten streben. Die Aufgaben, die das Leben an uns stellt, entziehen sich allzu oft unserer Kontrolle. Entscheidend ist nicht der Inhalt dieser Aufgaben, sondern wie wir damit umgehen. „Hat man sein warum? des Lebens, so verträgt man sich fast mit jedem wie“[91], schrieb Friedrich Nietzsche. Das Wie sind all jene Umstände und Ereignisse, die wir nicht selbst beeinflussen können. Das Warum ist unsere Geschichte, unser roter Faden, die Art, wie wir Erfolg definieren. Sie zu schreiben ist unsere Aufgabe.

#3 Erfolg ist, ein Warum zu haben, auch wenn das Wie nicht so gut läuft

„Womit habe ich das nur verdient?“, fragen wir uns gerne, wenn wir das Gefühl haben, dass uns das Leben ungerecht behandelt. Wenn uns dagegen das Glück ungerechterweise zufliegt, stellen wir diese Frage nicht. Es scheint uns, als würde uns nur das Positive zustehen. Diese Einstellung greift das Optimierungsdenken auf. Es vermeidet und ignoriert die negativen Seiten unseres Lebens. Es schafft die passende Wortwahl dafür: Werden zahlreiche Mitarbeiter gekündigt, spricht man von Freistellungen; nach einem schweren Unfall mit tödlichem Ausgang ist die Rede von einem Vorfall; wenn es offenkundig Probleme gibt, wird man gerne korrigiert, man solle doch von Herausforderungen sprechen; wenn Fehler gemacht wurden, kann man immer noch von einem Lern- und Entwicklungsprozess sprechen.

Der positive Jargon der Optimierung hat in den letzten Jahrzehnten auch Einzug in die Psychologie gehalten. Negative Lebensereignisse, schwierige Lebensumstände werden weitgehend aus dem Wortschatz verbannt, indem wir sie uminterpretieren. Therapeuten und Berater nennen das „umstrukturieren". Wieder nehmen Gefühle die zentrale Rolle ein. Über diese wird gesteuert, was wir als real wahrnehmen und was nicht. Indem wir Angst, Trauer, Wut in positive Emotionen umpolen, *scheinen negative Ereignisse einfach aus unserem mentalen Leben zu verschwinden.* Sie sind quasi nicht mehr da. Diese Perspektive kann im Einzelfall einmal hilfreich sein. Insgesamt entzieht sie uns schlicht die psychische Lebensgrundlage. Wenn alles nur daran hängt, inwieweit ich meine Gefühle umpolen kann, sind alle um mich herum nur Statisten, alles um mich herum nur Inszenierung.

Positives Denken, Uminterpretieren bedeutet leider nicht, dass automatisch immer gute Dinge passieren oder dass das Negative nicht existiert. Das Leid und die negativen Emotionen von Menschen mit schweren Erkrankungen, mit zu pflegenden Angehörigen, mit Schicksalsschlägen oder die Katastrophen überlebt haben, sind aber *real*, ihr Leid ist echt, ihre Verluste nicht durch gedankliche Tricks manipulierbar. Leid und negative Erfahrungen spielen eine wichtige Rolle im Leben und für unsere Lebensgeschichte, auch wenn sie von Psychologie und Therapie verdrängt werden. *Optimierung und Gefühlstuning schneidet uns von diesem wichtigen Lebensbestandteil ab.*

In der christlichen Religion ist die Bedeutung des Leidens eine ganz zentrale und eng mit dem Leben verknüpft. Jesus Christus leidet nicht etwa, weil er es verdient hat oder weil er übermenschliche Kräfte suggerieren will und alles positiv umdeutet. Im Gegenteil: Christus selbst verlässt am Kreuz im Angesicht des größten Schmerzes kurz das Vertrauen in seinen Schöpfer und er ruft: „Mein Gott, mein Gott, warum hast du mich verlassen?“ Diese Aufgabe hat Gott an ihn herangetragen. Gleichzeitig stellt Gott sich damit auf die Seite des Leidenden und zeigt: Leiden ist eine Aufgabe, die bewältigt werden kann. Gerade dieser Gedanke bildet in der christlichen Religion die Grundlage für die Erlösung.

Sie ist aber auch unabhängig von Religion ein ganz wesentliches Grundelement des Lebens. Der Psychologe Viktor Frankl, selbst KZ-Überlebender, war eine Art Sinn-Fetischist. Er selbst ist der beste Beweis für seine eigenen Thesen. Egal wie widrig, ja mörderisch Lebensbedingungen sind, der Mensch kann immer noch einen Sinn, eine Aufgabe darin sehen: „Es kommt nicht darauf an, an was man leidet, sondern wie man es auf sich nimmt.“[92]

Betrachten wir noch mal diesen Abschnitt: Erfolg kann *nicht kopiert* werden, das war der erste Leitsatz zu Beginn dieses Kapitels. Trotz aller Rollen, die wir annehmen, und aller äußeren Vergleiche, denen wird ausgesetzt sind, gibt es in uns etwas, das unverwechselbar ist. Damit das zum Tragen kommt, müssen wir für uns selbst Verantwortung übernehmen. Niemand, kein Rollenmodell, kein Vorbild kann uns diese Aufgabe abnehmen. Das können wir nur selbst: den eigenen Wirkungsbereich finden, abstecken und mit unseren ureigenen Möglichkeiten die Mit- und Umwelt positiv beeinflussen. Ob das gelingt, erfahren wir auch über die Rückmeldungen der Menschen in unserer Umgebung. Aber das ist immer nur eine Hilfestellung, denn niemand kann so wie wir selbst entscheiden und ermessen, ob wir erfolgreich sind.

Erfolg bedeutet, die *eigene Geschichte* zu schreiben. Machen wir uns zum Steuermann, nicht zum Passagier in unserem Leben. Erfolg selbst zu definieren bedeutet hier nicht, nur irgendwo anzukommen, großspurige Ziele erreicht zu haben, sondern vor allem, auf dem richtigen Weg zu sein. Den roten Faden in der eigenen Lebensgeschichte gefunden zu haben.

Auch wenn man Steuerfrau auf dem Schiff des Lebens geworden ist, bedeutet das nicht, dass man das Wetter beeinflussen und Stürme verhindern kann. Aber indem sie die schwierigen Situationen meistert, baut sie Erfahrung und Selbstvertrauen auf. So wird immer klarer im Leben, was wir wollen und was wir nicht wollen. Was ist entscheidend für die Interpretation meines Lebens? Das Haus, das ich gebaut habe? Die Dinge, die ich gekauft habe? Ob ich die zehntausend Schritte pro Tag erreicht habe? Ob ich mehr oder weniger Körpergewicht hatte? Auf die Beantwortung solcher Fragen sollten wir unsere Prioritäten aufbauen – das Thema im nächsten Abschnitt.

Ein Leben nach den eigenen Prioritäten

„You cannot overestimate the unimportance of practically everything." – „Man kann die Unwichtigkeit von praktisch allem gar nicht überschätzen." (John Maxwell)

Wir sind darauf gepolt, unsere Zeit „gut" und „effektiv" zu nutzen. Möglichst viel in möglichst wenig Zeit zu machen. Zu optimieren. Auf den ersten Blick ergibt das Sinn, weil Zeit die wertvollste Ressource ist, die wir haben. Es ist unsere Lebenszeit. Kein einziger Moment kommt ein zweites Mal. Daher scheint es wichtig, jede Sekunde mit Aktivität zu füllen. Doch in dieser Logik fehlt etwas ganz Wichtiges. Jede Aktivität *kostet* eben auch etwas von unserer Zeit und damit von unserem Leben.

Der amerikanische Philosoph Henry David Thoreau hat bereits Mitte des 19. Jahrhunderts auf diesen Umstand hingewiesen.[93] Seine Ideen klingen sehr einfach: bewusst und zielgerichtet leben. Nicht am Ende des Lebens erkennen, dass man gar nicht gelebt hat. Deshalb wählte er einen einfachen Lebensstil. Eines Tages zieht er in die Wildnis, baut sich in aller Seelenruhe eine Blockhütte und rechnet sich vor, dass er nur einen Tag arbeiten muss, um so zu leben. Bei seinen Nachbarfarmern sah er, was mehr Arbeit bedeutet: bessere Geräte, schönere Einrichtung, angenehmerer Lebensstil. Doch Thoreau sieht auch die Kosten. Verlust von Lebenszeit, mehr Stress, finanzielle Risiken durch Verbindlichkeiten. Ist es das wert?

Wir müssen nicht gleich in einem Blockhaus in der Wildnis leben. Doch bewusster mit der eigenen Zeit umzugehen und Tätigkeiten sorgfältiger auszuwählen sind Gedanken, die wir auch im Alltag nutzen können. Wie und womit verbringen wir unsere Zeit? Halten uns diese Aktivitäten vom Leben ab oder führen sie uns dazu hin? Verfolge ich meine Ziele oder nur jene, von denen ich glaube, dass ich sie haben sollte? Setze ich die richtigen Prioritäten in meinem Leben? Decken sich meine Prioritäten mit dem Zeitaufwand, den ich dafür benötige?

Prioritäten setzen heißt Entscheidungen treffen. Das ist schwierig:

Es gibt diese lehrreiche Kindergeschichte, in der ein kleiner Rabe die Hauptrolle spielt. Als die Eule eines Tages beschließt, dass die Mäuse einen Namen haben sollen, ist für den kleinen Raben klar: Er braucht auch einen. Am liebsten hätte er gleich alle Namen, einer scheint ihm ein bisschen wenig. Doch die Eule lässt sich nicht erweichen, er darf sich nur einen aussuchen. Das viele Nachdenken setzt dem kleinen Raben zu, er wird schließlich krank. Dem Doktor beschreibt er sein Dilemma, Namensschmerzen seien sein größtes Leiden. „Ich brauche einen Namen, der zu mir passt. Ich muss viel nachdenken und auswählen und mich entscheiden", sagt der Rabe. Der Doktor kann zwar nicht mit Namensentscheidungstabletten dienen, aber er hat Verständnis: Entscheiden ist das Schwerste. Am Ende entscheiden die anderen für ihn und nennen ihn fortan Rabe Socke.[94]

Das Leben besteht tatsächlich aus einer ununterbrochenen Abfolge von Entscheidungen, neben den „großen Drei" – Beruf, Partner, Wohnen – wählen wir jeden Tag aus Dutzenden, wenn nicht sogar Hunderten Optionen aus. Keine Generation vor uns hatte so viele Möglichkeiten. Egal ob im Supermarkt, im Restaurant oder vor dem eigenen Kühlschrank, ob beim Autokauf oder bei der Freizeitgestaltung. Die Auswahl scheint unendlich und wir können meist nur eine der zahlreichen Optionen auswählen, immer haben wir die Qual der Wahl. Der Soziologe Peter Gross hat in diesem Zusammenhang den Begriff der Multioptionsgesellschaft geprägt.[95] Sie ist getrieben vom Motiv, den Unterschied zwischen tatsächlicher und vorgestellter Realität zu vermindern. Sie suggeriert, dass alles möglich ist.

Diese Entscheidungsinflation hat ihre Schattenseiten: Die Verantwortung des Einzelnen ist gestiegen, Erfolg und Misserfolg wird uns als Person zugeschrieben. Entscheidungsfreiheit birgt eben auch das Risiko, dass man danebenliegt. Zudem gehen wir mit Entscheidungen Verpflichtungen ein, die wir als moderne Menschen gerne umgehen. Unser kleiner Rabe Socke hat also recht: Entscheiden ist schwierig. Bei jeder Entscheidung versäumen wir alle nicht gewählten Optionen, es entgeht uns alles andere. Auch dafür fand die Soziologie einen eigenen Fachbegriff: die *Verpassungsangst*[96].

Lebensentwürfe, die in früheren Dekaden nur einer Elite vorbehalten oder gar unbekannt waren, können jetzt von jedem gewählt werden. Wir möchten Kinder, Karriere, eine erfüllte Partnerschaft und viel Zeit für uns selbst – am besten alles gleichzeitig. Der Philosoph Alexander Grau schreibt in diesem Zusammenhang vom „postmodernen Kult um die Vereinbarkeit“[97].

Dass das nicht gelingen kann, liegt auf der Hand. Wer einen Beruf ergreift, kann nicht einen anderen ausüben. Wer Skispringer ist, kann nicht gleichzeitig Fußballer sein. Wer als Tischler arbeitet, ist nicht gleichzeitig Arzt. Wer nächtelang auf Technopartys abfeiert, sollte lieber auf eine Familie verzichten. Wer kleine Kinder hat, wird seine Karriere einmal hintanstellen müssen. Wer einen Sozialberuf ergreift, wird nicht reich werden, ein Investmentbanker sollte sich aber nicht über den mangelnden Sinn seiner Tätigkeit beklagen. Auch wenn die Verpassungsangst mitunter Schmerzen bereitet: Wir müssen uns entscheiden.

„Der Mensch ist umso reicher, je mehr Dinge er liegen lassen kann“ – dieses Zitat wird Thoreau zugeschrieben, jenem philosophischen Einsiedler, den wir am Beginn des Kapitels kennengelernt haben. Machen wir uns nichts vor. *Intuitiv wissen wir, dass wir nicht alles haben können, dass eben nicht alles geht.* Wenn wir Prioritäten setzen, müssen wir fast alles weglassen. Das schmerzt – aber nur auf den ersten Blick. Es bedeutet, dass wir die Dinge tun können, von denen wir wissen, dass sie für unser Leben wichtig sind. Menschen haben grundsätzlich die Fähigkeit zur Selektivität, das heißt, sie sind in der Lage, aus ihrer Umwelt die gerade bedeutendsten und wichtigsten Reize auszuwählen. Diese Funktion ermöglicht überhaupt erst Konzentration und Aufmerksamkeit. Ohne Selektivität wären wir alltagsuntauglich: Wir könnten nicht kochen, einkaufen gehen, geschweige denn arbeiten. Ständig würden wir unsere Handlungen unterbrechen und neue beginnen. Sich bewusst durch das Leben zu steuern, bedeutet auszuwählen aus den vielen Reizen, Handlungsmöglichkeiten, Gelegenheiten, die es auch gäbe.

Selektiv zu sein, das bedeutet, Ablenkung aktiv zu vermeiden. Ausgerechnet ein Computerwissenschaftler hat auf die Bedeutung dieser Fähigkeit hingewiesen. Der Amerikaner Cal Newport prägte den Begriff *Deep Work*, was so viel bedeutet, wie sehr konzentriert zu arbeiten. Indem man fokussiert über längere Zeit bei einer Sache bleibt, erreicht man insgesamt im Privat- und Arbeitsleben bessere Ergebnisse und höhere Lebensqualität, so seine These.

Im Alltag kann man sich das so vorstellen: Eine der stärksten Quellen für Ablenkung ist unser digitaler Lebensstil. Deshalb ist beispielsweise die bewusste Begrenzung der Internetnutzung auf klar definierte Zeiträume eine der Maßnahmen, die uns vor Ablenkung schützen. Langfristig sind wir damit aber nur erfolgreich, wenn wir unsere Einstellung zum Umgang mit Internetdiensten ändern. Wer das Internet als Tool, als Werkzeug nutzt und sich nicht *be*nutzen lässt, wer Social Media nicht als Selbstzweck, sondern als Unterstützung sieht, um seine realen sozialen Beziehungen zu pflegen, der wird viel leichter die richtigen Prioritäten setzen und nach ihnen leben können.[98]

Wer hat noch nie im Internet nach einer bestimmten Sache gesucht und ist nach einer Stunde auf ganz anderen Seiten „wieder zu Bewusstsein" gekommen? Die Fähigkeit zur Selektivität und Aufmerksamkeitssteuerung ist in einer Welt der millionenfachen Ablenkung gleichermaßen gefragt, wie schwierig zu pflegen. Die meisten Optionen sind letztlich Verführungen zur Zerstreuung, die uns von den wichtigen Menschen, Themen und Dingen trennen. *Warum ist es so schwer, den eigenen Prioritäten zu folgen, mehr Qualitätszeit und weniger Ramschzeit zu bekommen?*

Hinter der Marketingkultur, in der wir leben, stehen Unternehmen, denen daran liegt, dass wir deren Produkte und Dienstleistungen kaufen. Sie zeigen uns ein multimedial vermitteltes Menschenbild, das uns suggeriert: Du kannst alles sein und alles haben, wann und wie du willst. Ihr Geschäftsmodell ist es, die oben angesprochene *Verpassungsangst* bei uns zu erzeugen. Wir konsumieren, damit wir nichts verpassen. Und wir werden zuverlässig belohnt, weil wir beinahe alles jederzeit konsumieren können.

Psychologisch hat das Folgen. *Wir erwerben die Gewohnheit, eigentlich immer (materiell) belohnt zu werden, und das sehr zeitnah.* Wir übertragen diese Einstellung auch auf Lebensbereiche, in denen es eigentlich nichts zu kaufen oder konsumieren gibt.

Wir helfen einem Freund, *weil* wir eine Gegenleistung erwarten. Wir gehen eine Liebesbeziehung ein, *weil* der Partner uns glücklich machen soll. Wir spenden für eine Hilfsorganisation, *weil* wir für unsere Großzügigkeit gelobt werden wollen. Kurz: Wir erwarten Belohnung, wenn wir etwas Richtiges oder Wichtiges tun.

Dadurch sinkt jedoch einerseits unsere Toleranz gegenüber Frustrationen: Im richtigen Leben werden wir keinesfalls immer belohnt. Jemand ist undankbar uns gegenüber. Trotz größter Anstrengungen können wir an einer Aufgabe scheitern. Wir werden benachteiligt, obwohl wir eindeutig im Recht sind. Schicksalsschläge scheinen uns zu bestrafen.

Andererseits führt der Fokus auf materialistische Belohnungen dazu, dass wir beginnen, negativen Situationen, Gedanken und Gefühlen systematisch auszuweichen, wie die psychologische Forschung zeigt.[99] Werden wir damit konfrontiert, kaufen wir lieber etwas und lenken uns ab. Werthaltungen, die konsumorientierte Ziele wie Reichtum, Besitz,

Image und Status in den Vordergrund stellen, haben negative Begleiterscheinungen. Materialistische Menschen konsumieren mehr Produkte, haben eher finanzielle Schwierigkeiten, haben konfliktreichere Beziehungen und berichten über niedrigere Lebensqualität und mehr gesundheitliche Probleme. Besonders interessant ist, dass mit steigender materialistischer Einstellung die Leistungsbereitschaft – also die Grundlage dafür, sich materiellen Wohlstand zu erarbeiten – sinkt.[100]

Konsumorientierung ist also eng verknüpft mit der Vermeidung, sich mit den wichtigen Dingen zu konfrontieren. Dabei spielen materielle Dinge in den Lebensprioritäten der meisten Menschen kaum eine Rolle. In einer mittlerweile klassischen Forschungsarbeit haben Richard T. Kinnier und Arlene T. Metha Prioritäten von Menschen in verschiedenen Lebensphasen untersucht. Die wichtigsten Prioritäten waren „ein guter Elternteil oder ein gutes Familienmitglied sein", „eine intime bzw. liebende Beziehung pflegen bzw. aufrechterhalten" sowie „ein spirituelles Leben haben". *Keine Rede von „möglichst viel kaufen"*.

Interessant war dann auch der zweite Teil der Befragung, hier sollten die Teilnehmer angeben, was sie am meisten bereuen. Die Top 3 waren „Ich hätte meine Ausbildung ernster nehmen und härter daran arbeiten sollen", „Ich hätte durchsetzungsfähiger sein sollen" sowie „Ich hätte lernen sollen selbstdisziplinierter zu sein". *Wieder keine Rede von „Ich hätte mehr kaufen sollen"*.[101]

Wir wissen intuitiv, was die eigentlichen Prioritäten im Leben sind. Wir entwickeln uns nicht weiter, führen kein erfüllendes Leben, wenn wir ständig konsumieren oder unsere Freizeit mit Internetsurfen und Computerspielen vertrödeln.

Erfüllend sind die Definition von Zielen, die über den eigenen Vorteil hinausgehen, die bewusste Setzung von eigenen Prioritäten sowie die Entwicklung von Strategien, mit denen wir materialistische Informationen aus unserer Umgebung blockieren.

Wer seine Beziehungen pflegt, sich um seine Mitmenschen kümmert und ein „guter" Mensch sein möchte, hat es leichter, materielle Optimierungsziele zu reduzieren. Also: *mehr Tiefe statt Breite.*

Der niederländische Psychologe De Jager Meezenbroek hat dazu ein hilfreiches Konzept entwickelt, das eigentlich Spiritualität als universelle menschliche Erfahrung beschreiben soll. Doch auch wenn man weder religiös noch spirituell ist, kann man die Dimensionen für mehr Tiefe hilfreich finden:

- Sinnhaftigkeit: „Mein Leben hat Sinn und ein Ziel",
- Vertrauen: „Ich begegne der Welt mit Vertrauen",
- Hinnahme und Akzeptanz: „Ich akzeptiere, dass das Leben unvermeidlich Schmerzen zufügt",
- Bewusstsein für den Augenblick,
- Sorge für andere,
- Verbundenheit mit der Natur,
- Erfahrungen der Transzendenz oder spirituelle Aktivitäten.[102]

Während Sie diese Zeilen lesen, denken Sie vielleicht über Ihre eigenen Prioritäten nach. Eine Hilfestellung dabei bietet die sogenannte Manhattan-Methode. Das funktioniert so: Familie, Beruf, Freunde, Hobbys usw. werden als Hochhäuser auf ein Blatt Papier gezeichnet. Je wichtiger, je mehr Zeit wir damit verbringen, desto höher das Hochhaus. Je weniger wichtig, je weniger Zeit wir damit verbringen, desto kleiner. Als Ergebnis ist die Skyline von Manhattan zu sehen. Unsere Lebensbereiche sind dabei die Hochhäuser, deren Größe die Bedeutung dieses Bereichs in unserem Leben darstellt. Im zweiten Schritt kann man eine zweite Skyline zeichnen, in der die Bereiche in jener Größe eingezeichnet werden, die wir uns wünschen würden. So bekommt man einen guten Eindruck, welchen Lebensbereichen man (wieder) mehr Aufmerksamkeit schenken sollte.

In diesem Abschnitt habe ich versucht zu zeigen, wie wichtig die Entwicklung eigener Prioritäten im Leben ist. Lebenszeit ist unsere wertvollste Ressource. Die Logik der Optimierung sagt: *Mach möglichst viel, damit du sie gut nutzt.* Doch das ist eine Sackgasse. Besser ist: Wähle gut aus, was du tust, damit du sie gut nutzt. Entscheide dich bewusst für deine Prioritäten. Das ist so schwierig, weil es bedeutet, sich gegen so vieles zu entscheiden, was auch möglich wäre. Doch wer nicht ununterbrochen vom Weg abkommen will, muss sich zuerst für einen Pfad entscheiden. In einer Welt der tausendfachen Ablenkung und Verführung ist es so wichtig, den Fokus zu halten, so gelingt es uns wieder, mehr Kontrolle und Selbststeuerung über unser Leben zurückzubekommen. Eigene Prioritäten schützen uns davor, fremden Zielen zu folgen. Das bedeutet mehr Lebenszeit.

Das Handwerk der eigenen Seele anwenden

Es ist paradox: Noch nie waren die Lebensbedingungen in Europa so gut wie heute. Dennoch scheinen auch die Unzufriedenheit und das Unbehagen so groß wie nie zuvor. Je mehr wir haben, je besser es uns geht, desto größer wird auch die Angst, das alles zu verlieren. Und so optimieren wir immer weiter, das gibt uns Sicherheit. Mediales Dauerfeuer macht uns glauben: Es fehlt immer nur noch ganz wenig bis zum optimalen Glück. Wenn wir nur nicht mehr den Rasen selber mähen müssen und ein Computer das für uns übernimmt; wenn wir nur nicht mehr selber kochen müssen, sondern ein Roboter uns bedient; wenn wir doch nur ein größeres Auto hätten; wenn wir doch nur eine schönere Nase hätten, größere Brüste oder kleinere Zehen. Dann wären wir glücklich.

Doch diese Rechnung geht nicht auf. Selbstoptimierung ist eine Sackgasse. Um sie zu verlassen, benötigen wir einen Perspektivenwechsel. Weg vom reinen Fokus auf Gegenwart und Zukunft, vom Leben als rein biologischem Sachverhalt, als Anhäufung von weitgehend unabhängigen Erlebnisfragmenten. Hin zu einer Geschichte des Lebens, die wir selbst schreiben, deren Autor wir selbst sind. Dieser Perspektivenwechsel ist keine Kunst, jeder von uns ist dazu in der Lage. Daher habe ich auf den vorhergehenden Seiten den Begriff des Handwerks der eigenen Seele verwendet. Wir müssen keine Lebenskünstler werden, aber wir können versuchen, im Lebenshandwerk zu größtmöglicher Meisterschaft zu gelangen. Eine Herausforderung – immer wieder aufs Neue. Ich habe versucht, in diesem Buch einige Impulse zu geben, die Sie als Leserin, als Leser bei dieser sehr individuellen Aufgabe inspirieren können.

Orientierung – so eine meine Kernthesen hier – entsteht nicht, indem wir andere einfach nachmachen oder nach „Glück streben". Orientierung kann dann entstehen, wenn man sich klar darüber wird, welche Ziele im Leben es wert sind, verfolgt zu werden – und welche nicht. So entsteht ein gutes Gespür dafür, welche Dinge wir unter Kontrolle haben, was wir beeinflussen können und was außerhalb unseres Wirkungsbereichs ist.

Manche Zielsetzungen verlieren so an Bedeutung, weil sie von so vielen Faktoren außerhalb von uns abhängen, wie etwa: „Bis ich 32 bin, habe ich einen gut aussehenden Mann." Besser wäre zum Beispiel: „Für die Freundschaft mit Marc nehme ich mir so viel Zeit wie möglich, weil er eine wichtige Person für mich ist." Eine wichtige Grundlage für die Unterscheidung zwischen wichtigen und unwichtigen Zielen sind persönliche Standards, die einen Rahmen für die eigenen Entscheidungen und Handlungen bilden. Sich mit Seelenhandwerk zu beschäftigen heißt an diesen Standards zu arbeiten. Optimierung gerät dann langsam aus dem Fokus oder bleibt dort nur noch bei tatsächlich wichtigen Zielen. Ich fasse einige der wichtigsten Anregungen dieses Buches für die Entwicklung unseres Seelenhandwerks noch mal zusammen:

- *Stabilität statt Veränderung* – die Philosophie der Optimierung beinhaltet ununterbrochenen Wandel. Doch nach allem, was philosophische und psychologische Literatur hergibt, ist Veränderung als Selbstzweck kein gutes Konzept. Orientierung finden wir in stabilen Verhältnissen. Erst durch diesen einen inneren Rahmen unseres Lebens finden wir auch in krisenhaften Situationen, die tatsächlich Veränderungen erforderlich machen, die nötige Kraft.
- *Rein statt raus aus der Komfortzone* – eine Komfortzone vermittelt Geborgenheit im Leben, ein Gefühl, das wir gerade im Optimierungszeitalter so dringend brauchen. Die Komfortzone kann vieles sein: ein innerer oder äußerer Ort, von bestimmten Dingen oder Menschen umgeben sein. Bewusst Situationen zu schaffen, in denen Geborgenheit und Sicherheit entstehen kann, heißt an dieser Komfort- und Rückzugszone zu arbeiten.
- *Mäßigung als Lebenstugend* – Seelenruhe, wie Seneca formulierte, ist nur erreichbar durch eine Balance zwischen kurz- und langfristigen Zielen,

zwischen inneren Motiven und äußeren Gegebenheiten. Mäßigung bedeutet nicht, Gefühle zu unterdrücken oder zu leugnen, sondern nicht getrieben zu sein von den eigenen inneren Zuständen und die Kontrolle über den eigenen Wirkungsbereich bei sich selbst einzufordern und danach zu handeln. Indem ich meinen Emotionen nicht alle Macht gebe, kann ich langfristig besser im Einklang mit meinen Bedürfnissen leben.

- *Die eigenen Werte finden* – ein Mensch, der sich seiner Werte nicht bewusst ist, ist wie ein Schiff ohne Steuerfrau oder -mann. Orientierungslos und getrieben von der jeweiligen Strömung. Philosophische Weisheit und psychologische Forschung zeigen: Es ist besser, Werte zu haben, als keine zu haben. Intrinsische Werte, die darauf abzielen, in Beziehung zu treten mit der „Welt da draußen" (indem wir anderen helfen, indem wir uns um unsere Familie und Freundschaften bemühen), sind besser als extrinsische Werte (persönlicher Nutzen, materielle Ziele).
- *Auswählen und Ausblenden* – es ist das Zeitalter der Individualität und doch werden wir immer gleicher, weil wir alle ähnlichen, wenn nicht gleichen Zielen nachjagen, die größtenteils konsumorientiert sind. Doch Individualität entsteht nicht durch Imitation, indem wir alle die gleiche „ausgeflippte" Kleidung kaufen, immer austauschbarere Bilder auf unseren Social-Media-Accounts posten, nach den gleichen prestigeträchtigen Berufen und Positionen streben oder im Fernsehen

groß rauskommen wollen. Das Ergebnis ist der optimierte Mensch von der Stange. Wer dagegen Individualität will, wer eine Person sein möchte, kommt nicht umhin, auszuwählen und auszublenden. Indem wir Prioritäten setzen, entscheiden wir uns gegen alles andere. Bündeln wir unsere Aufmerksamkeit und Konzentration auf diese für uns wichtigen Dinge. Machen wir uns bewusst, warum wir uns für etwas und gegen etwas anderes entschieden haben. Wenn wir wissen, was wir tun, ist es leichter, den Ablenkungen, denen wir ununterbrochen ausgesetzt sind, zu widerstehen. Wir entwickeln Strategien, wie wir diese irrelevanten Reize ausblenden.

Aller Anfang ist schwer. Das Handwerk der eigenen Seele und des eigenen Lebens zu lernen und vielleicht irgendwann eine gewisse Meisterschaft darin zu erreichen, liegt in unserer Verantwortung und in unserem Interesse. Der Fokus darauf führt uns ein Stück heraus aus der Sackgasse der Optimierung. Wir gewinnen die gedankliche und sprachliche Fähigkeit auszudrücken, was für uns ein *gutes Leben* ist. Das bedeutet, einen anderen Weg zu wählen als den ausgetretenen Pfad der Selbstoptimierung, nämlich den eigenen. Friedrich Nietzsche schrieb: „Es gibt auf der Welt einen einzigen Weg, den niemand gehen kann außer dir. Wohin der dich führt? Frage nicht, gehe ihn.“[103]

Anhang

Dank

Liebe Leserin, lieber Leser,
vielen Dank, dass Sie mich auf dieser Reise durch die Welt der *Selbstoptimierung* begleitet haben. Meine große Hoffnung ist, dass Sie das Buch zum Nachdenken angeregt hat. Dass Sie neue Einsichten gewonnen haben. Und dass Sie die Inhalte nutzen können, um Ihre *optimierungsfreien* Zonen im Leben zu finden oder zu pflegen.

Schreiben Sie mir gerne Ihre Erfahrungen, aber auch Fragen und Anregungen: christoph.augner@gmail.com

Herzlichst,
Ihr
Christoph Augner

Zum Abschluss möchte ich mich bei jenen bedanken, ohne die dieses Buch in dieser Form nicht entstanden wäre:

- Bei meinen Leserinnen und Lesern für deren bereichernde Rückmeldungen zu *Seele auf Sinnsuche* (Patmos 2016).
- Bei Christiane Neuen vom Patmos Verlag, die meinen Texten von Beginn an eine Chance gegeben hat.

- Bei Cordula Jänke für ihr gewissenhaftes Lektorat und ihre inhaltlichen Vorschläge, die das Manuskript wesentlich verbessert haben.
- Bei meiner Familie – für einfach alles!

Anmerkungen

1 Krüger, M.: *Vorübergehende.* Haymon, Innsbruck 2018.

2 Ich verwende die Begriffe Optimierung und Selbstoptimierung weitgehend synonym. Bei Ersterem steht die Optimierung der eigenen Um- und Mitwelt im Vordergrund. Bei Letzterem die eigene Person.

3 Vgl. Dietz, P. / Soyka, M. / Franke, A. G.: Pharmacological Neuroenhancement in the Field of Economics – Poll Results from an Online Survey. In: Front. Psychol. 19.4.2016, 7:520, https://doi.org/10.3389/fpsyg.2016.00520 [Zugriff: 19.12.2019].

4 Vgl. Vargo, E.J. / Petróczi, A.: „It Was Me on a Good Day": Exploring the Smart Drug Use Phenomenon in England. In: Front. Psychol. 27.5.2016, 7:779, https://www.frontiersin.org/articles/10.3389/fpsyg.2016.00779/full [Zugriff 19.12.2019].

5 Friedrichs, J.: Selbstoptimierung – Das tollere Ich. In: Die Zeit Online, 8.8.2013, https://www.zeit.de/2013/33/selbstoptimierung-leistungssteigerung-apps [Zugriff: 19.12.2019].

6 Ebd.

7 Göpfert, Y.: Der Mensch – so gut wie eine Maschine? In: Lead Online 3 (2018), https://www.wuv.de/tech/?origin=lead [Zugriff: 19.12.2019].

8 Vgl. Simon, W.: Arbeit 4.0. Geschäftsmodell Ich. Business-wissen.de (2013), https://www.business-wissen.de/artikel/arbeit-40-geschaeftsmodell-ich/ [Zugriff: 19.12.2019].

9 Vgl. Moore, P.: Tracking Affective Labour for Agility in the Quantified Workplace. In: Body & Society 24.3. (2018), S. 39–67.

10 Page, M.: Biohacking. Selbstoptimierung im Job als neuer Trend. (2018), https://www.michaelpage.de/neuigkeiten-studien/marktstudien/fw-zukunft-der-arbeit/biohacking-selbstoptimierung-job [Zugriff: 19.12.2019].

11 Vgl. Page, M.: Liquid Skills: Lebenslanges Lernen als Grundlage für die Karriere der Zukunft. (2018), https://www.michaelpage.at/studien-und-wissenswertes/fw-zukunft-der-arbeit/liquid-skills-lebenslanges-lernen [Zugriff: 19.12.2019].

12 Bauer, K.: Ein anderer werden (müssen) – Selbstverlust, Selbstverleugnung und Selbstoptimierung als ethische Grenzphänomene. XXIII. Kongress der Deutschen Gesell-

schaft für Philosophie, 28. September – 2. Oktober 2014, Münster. Universität Münster (2014), URN: urn:nbn:de:hbz:6-52329375610.

13 Hesse, H.: *Unterm Rad*. Suhrkamp, Frankfurt am Main 1972.

14 Vgl. z. B. Yoon, J.-H. / Jeung, D. / Chang, S.-J.: (2016). Does high emotional demand with low job control relate to suicidal ideation among service and sales workers in Korea? In: Journal of Korean Medical Sciences 31.7 (2016), S. 1042–1048.

15 Brost, M. / Wefing, H.: *Geht alles gar nicht: Warum wir Kinder, Liebe und Karriere nicht vereinbaren können*. Rohwolt, Reinbek bei Hamburg 2015, S. 90.

16 Vgl. Whitney, K.: Against Everything by Mark Greif review – hipsters and how to live. In: The Guardian (2016), https://www.theguardian.com/books/2016/dec/22/against-everything-mark-greif-review [Zugriff 19.12.2019].

17 Vgl. Weltgesundheitsorganisation: Verfassung der Weltgesundheitsorganisation 0.8101. Stand 8.5.2014, https://www.admin.ch/opc/de/classified-compilation/19460131/201405080000/0.810.1.pdf [Zugriff 19.12.2019].

18 Posch, W.: *Projekt Körper: Wie der Kult um die Schönheit unser Leben prägt*. Campus Verlag, Frankfurt am Main 2009, S. 11.

19 Schultz, U.: *Madame de Pompadour*. C.H. Beck, München 2004, S 41.

20 Strömer, S.: Führt Attraktivität zum Erfolg? Zum Einfluss des Body-Maß-Index auf den Karriereerfolg. In: Schmalenbachs Zeitschrift für betriebswirtschaftliche Forschung 63.6 (2011), S. 610.

21 Vgl. Reinhard, R.: Das Glücksversprechen. Eine Schönheitsutopie. In: Hohe Luft 6/18 (2018), S. 10.

22 Vgl. Girkinger, M.: *Einmal Glück und Erfolg, bitte!* Tectum, Marburg 2012.

23 Tan, C.M.: *Search Inside Yourself. Optimiere dein Leben durch Achtsamkeit*. Goldmann, München 2015.

24 Vgl. Ayan, S.: Der Hype um die Achtsamkeit. Spektrum.de. (2018), https://www.spektrum.de/news/der-hype-um-die-achtsamkeit/1589158 [Zugriff: 19.12.2019].

25 Vgl. Levecke, B.: Wenn Frauen und Männer Unmögliches erwarten. In: Die Welt, 11.4.2008, https://www.welt.de/103897960 [Zugriff: 19.12.2019].

26 Retzer, A.: *Lob der Vernunftehe. Eine Streitschrift für mehr Realismus in der Liebe*. Fischer, Frankfurt am Main 2010, S. 11.

27 Ebd., S. 12.

28 Balandis, O. / Straub, J.: Selbstoptimierung und Enhancement. Der sich verbessernde Mensch – ein expandierendes Forschungsfeld. In: Journal für Psychologie 26 (2018), S. 3.

29 Vgl. ebd.

30 Friedrichs, Selbstoptimierung.

31 Plutarch: *Die Kunst zu leben*. Ausgewählt und übersetzt von Marion Giebel. Insel, Frankfurt am Main / Leipzig 2017, S. 172.

32 Ebd., S. 83.

33 Seneca, L.A.: *Von der Seelenruhe. Vom glücklichen Leben*. Anaconda, Köln 2010, S. 131.

34 Vgl. Limburg, K. et al.: The Relationship Between Perfectionism and Psychopathology: A Meta-Analysis. Journal of Clinical Psychology 73 (2017), S. 1301–1326.

35 Marano, H.E.: Pitfalls of Perfectionism. In: Psychology Today, 1.3.2008, https://www.psychologytoday.com/us/articles/200803/pitfalls-perfectionism [Zugriff: 19.12.2019].

36 Vgl. Limburg et al., Perfectionism and Psychopathology.

37 Vgl. Adler, R.F. / Benbunan-Fich, R.: Juggling on a high wire: Multitasking effects on performance. International Journal of Human-Computer Studies 70 (2012), S. 156–168.

38 Vgl. Uncapher, M. et al.: Media Multitasking and Cognitive, Psychological, Neural, and Learning Differences. In: Pediatrics 140 (2017), e20161758, https://pediatrics.aappublications.org/content/140/Supplement_2/S62 [Zugriff 19.12.2019].

39 Vgl. Gray, P.: As Children's Freedom Has Declined, So Has Their Creativity. In: Psychology Today, 17.9.2012, https://www.psychologytoday.com/intl/blog/freedom-learn/201209/children-s-freedom-has-declined-so-has-their-creativity [Zugriff: 19.12.2019].

40 Vgl. Schirmer, F.: Die hektische Organisation: Organisationaler Wandel als Treiber von Auszehrung. In: Oelsnitz, D. / Schirmer, F. / Wüstner, K. (Hg.): Die auszehrende Organisation: Leistung und Gesundheit in einer anspruchsvollen Arbeitswelt. Springer Gabler, Wiesbaden 2014, S. 155–176.

41 Vgl. Diebig, M. et al.: Psychische Belastungen in der Industrie 4.0. Eine selektive Literaturübersicht zu (neuartigen) Belas-

tungsbereichen. ASU Arbeitsmedizin, Sozialmedizin, Umweltmedizin 2017; 52, S. 832–839.

42 Vgl. Laird, B.K. et al.: The effects of monitoring environment on problem-solving performance. The Journal of Social Psychology 158.2 (2018), S. 215–219.

43 Vgl. Haufe Online Redaktion: Warum Change Management in Deutschland (nicht) funktioniert. In: Haufe.de, 25.10.2018, https://www.haufe.de/personal/hr-management/change-management-veraenderung-ja-erfolg-nein_80_269308.html [Zugriff: 19.12.2019].

44 Vgl. Ötsch, W.: Zur Geschichte und Zukunft von Grundkategorien des ökonomischen Denkens: Raum, Zeit, Objekt und Ich. Arbeitspapier Nr. 9826 des Instituts für Volkswirtschaftslehre, Johannes Kepler Universität Linz, November 1998.

45 Vgl. Balandis/Straub, Selbstoptimierung.

46 Vgl. ebd.

47 Vgl. King, V. et al.: Optimising Patterns in Life Conduct – Transformations in Relations to the Self and to Others, especially in Generational Care. In: King, V. et al. (Hg.): Lost in Perfection. Impacts of Optimisation on Culture and Psyche. Routledge, London / New York 2018, S. 61–72.

48 In allen Fallbeispielen sind der Name und alle weiteren personenbezogenen Details zum Zweck der Anonymisierung verändert und sie stellen eine exemplarische Mischung aus Fiktion und Realität dar.

49 Crawford, M.B.: The World Beyond your Head: On Becoming an Individual in an Age of Distraction. Farrar, Straus and Giroux, New York 2015, S. 195f.

50 Vgl. Hess, V.: Die Herstellung des normalen Menschen als Maß der Gesundheit. Berichte zur Wissenschaftsgeschichte 22.4 (1999), S. 266–280.

51 Vgl. Vogel, E.A. et al.: Who compares and despairs? The effects of social comparison orientation on social media use and its outcomes. In: Personality and Individual Differences 86 (2015), S. 249–256.

52 Zitiert nach Bayrhammer, B.: Heinz Bude: „Wir können nicht mehr lachen". Die Presse, 13.12.2014. https://diepresse.com/home/schaufenster/salon/4618681/Heinz-Bude_Wir-koennen-nicht-mehr-lachen [Zugriff: 19.12.2019].

53 Vgl. Hoffmann, K.: *Dein Mutmacher bist du selbst! Faustregeln zur Selbstführung*. Gabler Verlag, Wiesbaden 2009.

54 Vgl. Eutenauer, F. et al.: Subjektiver sozialer Status. MacArthur-Skalen zur Erfassung des wahrgenommenen sozialen Status im sozialen Umfeld (SSS-U) und in Deutschland (SSS-D). Verhaltenstherapie 25 (2015), S. 229–232.

55 Hoffmann, Mutmacher, S. 197.

56 Vgl. Pfeifer, S.: Der sensible Mensch: Leben zwischen Begabung und Verletzlichkeit. SCM Hänssler, Holzgerlingen 2012.

57 Seneca, Seelenruhe, S. 68.

58 Manson, M.: Being special isn't so special. MM.net (2013), https://markmanson.net/being-special [Zugriff: 19.12.2019].

59 Vgl. Carlson, D.S. / Derr, C.B. / Wadsworth, L.: The Effects of Internal Career Orientation on Multiple Dimensions of Work-Family Conflict. In: Journal of Family and Economic Issues 24 (2003), S. 99. Auch im Internet einsehbar unter: https://doi.org/10.1023/A:1022487121260 [Zugriff 19.12.2019].

60 Riemann, F.: *Grundformen der Angst*. 45. Aufl. Ernst Reinhardt Verlag, München 2019.

61 Vgl. Waite, L.J. et al.: Marital happiness and marital stability: Consequences for psychological well-being. In: Social Science Research 38.1 (2009), S. 201–212.

62 Vgl. Alps, N.: Selbstcoaching-Methode: die 5 Säulen der Stabilität. Zeitzuleben (o.J.), https://zeitzuleben.de/5-saeulen-der-stabilitaet/ [Zugriff: 19.12.2019].

63 Nietzsche, F.: *Wie man wird, was man ist. Ermutigungen zum kritischen Denken*. Hg.v. Ursula Michels-Wenz. Insel, Frankfurt am Main / Leipzig 2000, S. 49.

64 Ebd.

65 Vgl. Bossart, P.: Psychologie: Wenn es an Geborgenheit fehlt. (Interview mit der Psychotherapeutin Michaela Huber.) Luzerner Zeitung, 9.5.2017, https://www.luzernerzeitung.ch/panorama/psychologie-wenn-es-an-geborgenheit-fehlt-ld.92071 [Zugriff: 19.12.2019].

66 Voss, J.: Die philosophische Frage: Was ist Sicherheit, Jella Haase? In: Manager Magazin, 9.2.2015, www.manager-magazin.de/lifestyle/leute/die-philosophische-frage-was-ist-sicherheit-jella-haase-a-1018184-amp.html [Zugriff 19.12.2019].

67 Marc Aurel: *Wege zu sich selbst*. Nikol Verlag, Hamburg 2018, S. 36.

68 Weidt, B.: Geborgenheit ist mehr als nur das Dach über dem Kopf. Mit Hans Mogel sprach Birgit Weidt. In: Psychologie Heute 12 (2009), S. 78–81.

69 Montaigne, M. de: *Essais*. Drittes Buch, Kapitel 13. Insel Verlag. Frankfurt am Main / Leipzig 2001.

70 Vgl. Cicero, M.T.: *De officiis: Vom pflichtgemäßen Handeln*. Reclam, Stuttgart 1986.

71 Marc Aurel, Wege, S. 41.

72 Ebd., S. 44.

73 Seneca, Seelenruhe, S. 33.

74 Plutarch, Kunst zu leben, S. 132.

75 Vgl. Pulkkinen, L. / Pitkänen, T.: Temperance and the strengths of personality: Evidence from a 35-year longitudinal study. In: Schwarzer, R. / Frensch, P.A. (Hg.): Personality, Human Development, and Culture: International Perspectives on Psychological Science. Psychology Press, 2010, S. 127.

76 Vgl. Plutarch, Kunst zu leben, S. 75f.

77 Vgl. Tangney, J.P. et al.: High Self-Control Predicts Good Adjustment, Less Pathology, Better Grades, and Interpersonal Success. In: Journal of Personality 72.2 (2004), S. 271–324.

78 Montaigne, Essais, S. 66f.

79 Vgl. z.B. Mutz, M. / Kämpfer, S.: Emotionen und Lebenszufriedenheit in der „Erlebnisgesellschaft". In: Kölner Zeitschrift für Soziologie und Sozialpsychologie 65 (2013), S. 253–275.

80 Vgl. James, W.: On Vital Reserves: The Energies of Man. The Gospel of Relaxation. (1911). https://archive.org/details/onvitalreserves02jamegoog/page/n12 [Zugriff: 19.12.2019].

81 Eube, A.: Warum man viel weniger auf Gefühle hören sollte. In: Die Welt, 15.12.2016, https://www.welt.de/160316897 [Zugriff: 19.12.2019].

82 Montaigne, Essais, Drittes Buch, Kapitel 13.

83 Vgl. Henriques, G.: Virtue and the Four Types of Character: Is psychology finally opening up to the moral? In: Psychology Today, 11.6.2013, https://www.psychologytoday.com/us/blog/theory-knowledge/201306/virtue-and-the-four-types-character [Zugriff: 19.12.2019].

84 Vgl. La Boétie, É. de: *Abhandlung über die freiwillige Knechtschaft*. Limbus Verlag, Innsbruck 2016, S. 19.

85 Vgl. Lekes, N. et al.: Influencing value priorities and increasing well-being: The effects of reflecting on intrinsic values.

In: The Journal of Positive Psychology: Dedicated to furthering research and promoting good practice, 7.3 (2012), S. 249–261.

86 Vgl. Niemic, C.P. et al.: The Path Taken: Consequences of Attaining Intrinsic and Extrinsic Aspirations in Post College Life. In: Journal of Research in Personality 73.3 (2009), S. 291–306.

87 Elkins, D.: Beyond Religion: *A Personal Program for Building a Spiritual Life Outside the Walls of Traditional Religion.* Quest Books, Wheaton 1998, S. 58.

88 Plutarch, Kunst zu leben, S. 35.

89 Jiwa, B.: *Story Driven. You don't need to compete, when you know who you are.* Perceptive Press, o.O. 2018.

90 Vgl. Brunstein, J.C. / Maier, G.W.: Das Streben nach persönlichen Zielen: emotionales Wohlbefinden und proaktive Entwicklung über die Lebensspanne. In: Jüttemann, G. / Thomae, H. (Hg.): Persönlichkeit und Entwicklung. Beltz, Weinheim 2002, S. 159.

91 Nietzsche, F.: *Werke in 3 Bänden.* Band 2. Hanser, München 1954, S. 944.

92 Frankl, V., zitiert nach: Bacher, P.: Das Leben befragt uns täglich neu und anders. In: Welt am Sonntag, 10.04.2005, https://www.welt.de/print-wams/article126204/Das-Leben-befragt-uns-taeglich-neu-und-anders.html [Zugriff: 20.01.2020].

93 Vgl. Newport, C.: *Digital Minimalism. Choosing a Focused Life in a Noisy World.* Portfolio/Penguin, New York 2019, S. 37ff.

94 Vgl. Moost, N. / Rudolph, A.: Alles wieder gut! Oder wie der kleine Rabe zu seinem Namen kommt. In: dies.: *Das große Buch vom kleinen Raben Socke.* Esslinger, Esslingen 2010.

95 Gross, P.: *Die Multioptionsgesellschaft.* Suhrkamp, Frankfurt am Main 1994, S. 11.

96 Rosa, H.: *Beschleunigung: Die Veränderung der Zeitstrukturen in der Moderne.* Suhrkamp, Frankfurt am Main 2005, S. 469.

97 Grau, A.: Zeitgeistdiagnose: Die Vereinbarkeitslüge. Novo Argumente für den Fortschritt, 13.3.2014, https://www.novo-argumente.com/artikel/zeitgeistdiagnose_die_vereinbarkeitsluege [Zugriff: 19.12.2019].

98 Vgl. Newport, C.: *Deep Work: Rules for Focused Success in a Distracted World.* Piatkus, London 2016.

99 Vgl. Kashdan, T.B. / Breen, W.B.: Materialism and diminished Well-being: Experiential Avoidance as a Mediating Mechanism. Journal of Social and Clinical Psychology 26.5 (2007), S. 521–539.

100 Vgl. Kasser, T.: Materialistic Values and Goals. Annual Review of Psychology 67 (2016), S. 489–514.

101 Vgl. Kinnier, R.T. / Metha, A.T.: Regrets and Priorities at Three Stages of Life. Counseling and Values 33 (1989), S. 182–193.

102 Vgl. Bucher, A.: *Psychologie der Spiritualität*. Beltz, Weinheim 2014, S. 52f.

103 Nietzsche, Ermutigungen, S. 292.

Literatur

Adler, R.F. / Benbunan-Fich, R.: Juggling on a high wire: Multitasking effects on performance. International Journal of Human-Computer Studies 70 (2012), S. 156–168.

Alps, N.: Selbstcoaching-Methode: die 5 Säulen der Stabilität. Zeitzuleben (o.J.), https://zeitzuleben.de/5-saeulen-der-stabilitaet/ [Zugriff: 19.12.2019].

Ayan, S.. Der Hype um die Achtsamkeit. Spektrum.de. (2018), https://www.spektrum.de/news/der-hype-um-die-achtsamkeit/1589158 [Zugriff: 19.12.2019].

Bacher, P.: Das Leben befragt uns täglich neu und anders. In: Welt am Sonntag, 10.04.2005, https://www.welt.de/print-wams/article126204/Das-Leben-befragt-uns-taeglich-neu-und-anders.html [Zugriff: 20.01.2020].

Balandis, O. / Straub, J.: Selbstoptimierung und Enhancement. Der sich verbessernde Mensch – ein expandierendes Forschungsfeld. In: Journal für Psychologie 26 (2018), S. 131–155.

Bauer, K.: Ein anderer werden (müssen) – Selbstverlust, Selbstverleugnung und Selbstoptimierung als ethische Grenzphänomene. XXIII. Kongress der Deutschen Gesellschaft für Philosophie, 28. September – 2. Oktober 2014, Münster. Universität Münster (2014), URN: urn:nbn:de:hbz:6–52329375610.

Bayrhammer, B.: Heinz Bude: „Wir können nicht mehr lachen". Die Presse, 13.12.2014. https://diepresse.com/home/schaufenster/salon/4618681/Heinz-Bude_Wir-koennen-nicht-mehr-lachen [Zugriff: 19.12.2019].

Bossart, P.: Psychologie: Wenn es an Geborgenheit fehlt. (Interview mit der Psychotherapeutin Michaela Huber.) Luzerner Zeitung, 9.5.2017, https://www.luzernerzeitung.ch/panorama/psychologie-wenn-es-an-geborgenheit-fehlt-ld.92071 [Zugriff: 19.12.2019].

Brost, M. / Wefing, H.: Geht alles gar nicht: Warum wir Kinder, Liebe und Karriere nicht vereinbaren können. Rohwolt, Reinbek bei Hamburg 2015.

Brunstein, J.C. / Maier, G.W.: Das Streben nach persönlichen Zielen: emotionales Wohlbefinden und proaktive Entwicklung über die Lebensspanne. In: Jüttemann, G. / Thomae, H. (Hg.):

Persönlichkeit und Entwicklung. Beltz, Weinheim 2002, S. 157–183.

Bucher, A.: Psychologie der Spiritualität. Beltz, Weinheim 2014.

Carlson, D.S. / Derr, C.B. / Wadsworth, L.: The Effects of Internal Career Orientation on Multiple Dimensions of Work-Family Conflict. In: Journal of Family and Economic Issues 24 (2003), S. 99. Auch im Internet einsehbar unter: https://doi.org/10.1023/A:1022487121260 [Zugriff 19.12.2019].

Cicero, M.T.: De officiis: Vom pflichtgemäßen Handeln. Reclam, Stuttgart 1986.

Crawford, M.B.: The World Beyond your Head: On Becoming an Individual in an Age of Distraction. Farrar, Straus and Giroux, New York 2015.

Diebig, M. et al.: Psychische Belastungen in der Industrie 4.0. Eine selektive Literaturübersicht zu (neuartigen) Belastungsbereichen. ASU Arbeitsmedizin, Sozialmedizin, Umweltmedizin 2017; 52, S. 832–839.

Dietz, P. / Soyka, M. / Franke, A.G.: Pharmacological Neuroenhancement in the Field of Economics – Poll Results from an Online Survey. In: Front. Psychol. 19.4.2016, 7:520, https://doi.org/10.3389/fpsyg.2016.00520 [Zugriff: 19.12.2019].

Elkins, D.: *Beyond Religion: A Personal Program for Building a Spiritual Life Outside the Walls of Traditional Religion*. Quest Books, Wheaton 1998.

Eube, A.: Warum man viel weniger auf Gefühle hören sollte. In: Die Welt, 15.12.2016, https://www.welt.de/160316897 [Zugriff: 19.12.2019].

Eutenauer, F. et al.: Subjektiver sozialer Status. MacArthur-Skalen zur Erfassung des wahrgenommenen sozialen Status im sozialen Umfeld (SSS-U) und in Deutschland (SSS-D). Verhaltenstherapie 25 (2015), S. 229–232.

Friedrichs, J.: Selbstoptimierung – Das tollere Ich. In: Die Zeit Online, 8.8.2013, https://www.zeit.de/2013/33/selbstoptimierung-leistungssteigerung-apps [Zugriff: 19.12.2019].

Girkinger, M.: *Einmal Glück und Erfolg, bitte!* Tectum, Marburg 2012.

Göpfert, Y.: Der Mensch – so gut wie eine Maschine? In: Lead Online 3 (2018), https://www.wuv.de/tech/?origin=lead [Zugriff: 19.12.2019].

Grau, A.: Zeitgeistdiagnose: Die Vereinbarkeitslüge. Novo Argumente für den Fortschritt, 13.3.2014, https://www.novo-argumente.com/artikel/zeitgeistdiagnose_die_vereinbarkeitsluege [Zugriff: 19.12.2019].

Gray, P.: As Children's Freedom Has Declined, So Has Their Creativity. In: Psychology Today, 17.9.2012, https://www.psychologytoday.com/intl/blog/freedom-learn/201209/children-s-freedom-has-declined-so-has-their-creativity [Zugriff: 19.12.2019].

Gross, P.: *Die Multioptionsgesellschaft.* Suhrkamp, Frankfurt am Main 1994.

Haufe Online Redaktion: Warum Change Management in Deutschland (nicht) funktioniert. In: Haufe.de, 25.10.2018, https://www.haufe.de/personal/hr-management/change-management-veraenderung-ja-erfolg-nein_80_269308.html [Zugriff: 19.12.2019].

Henriques, G.: Virtue and the Four Types of Character: Is psychology finally opening up to the moral? In: Psychology Today, 11.6.2013, https://www.psychologytoday.com/us/blog/theory-knowledge/201306/virtue-and-the-four-types-character [Zugriff: 19.12.2019].

Hess, V.: Die Herstellung des normalen Menschen als Maß der Gesundheit. Berichte zur Wissenschaftsgeschichte 22.4 (1999), S. 266–280.

Hesse, H.: *Unterm Rad.* Suhrkamp, Frankfurt am Main 1972.

Hoffmann, K.: *Dein Mutmacher bist du selbst! Faustregeln zur Selbstführung.* Gabler Verlag, Wiesbaden 2009.

James, W.: On Vital Reserves: The Energies of Man. The Gospel of Relaxation. (1911). https://archive.org/details/onvitalreserves02jamegoog/page/n12 [Zugriff: 19.12.2019].

Jiwa, B.: *Story Driven. You don't need to compete, when you know who you are.* Perceptive Press, o.O. 2018.

Kashdan, T.B. / Breen, W.B.: Materialism and diminished Well-being: Experiential Avoidance as a Mediating Mechanism. Journal of Social and Clinical Psychology 26.5 (2007), S. 521–539.

Kasser, T.: Materialistic Values and Goals. Annual Review of Psychology 67 (2016), S. 489–514.

King, V. et al.: Optimising Patterns in Life Conduct – Transformations in Relations to the Self and to Others, especially in Generational Care. In: King, V. et al. (Hg.): Lost in Perfection. Impacts of Optimisation on Culture and Psyche. Routledge, London / New York 2018, S. 61–72.

Kinnier, R.T. / Metha, A.T.: Regrets and Priorities at Three Stages of Life. Counseling and Values 33 (1989), S. 182–193.

Krüger, M.: *Vorübergehende.* Haymon, Innsbruck 2018.

La Boétie, É. de: *Abhandlung über die freiwillige Knechtschaft.* Limbus Verlag, Innsbruck 2016.

Laird,B.K. et al.: The effects of monitoring environment on problem-solving performance. The Journal of Social Psychology 158.2 (2018), S. 215–219.

Lekes, N. et al.: Influencing value priorities and increasing wellbeing: The effects of reflecting on intrinsic values. In: The Journal of Positive Psychology: Dedicated to furthering research and promoting good practice, 7.3 (2012), S. 249–261.

Levecke, B.: Wenn Frauen und Männer Unmögliches erwarten. In: Die Welt, 11.4.2008, https://www.welt.de/103897960 [Zugriff: 19.12.2019].

Limburg, K. et al.: The Relationship Between Perfectionism and Psychopathology: A Meta-Analysis. Journal of Clinical Psychology 73 (2017), S. 1301–1326.

Manson, M.: Being special isn't so special. MM.net (2013), https://markmanson.net/being-special [Zugriff: 19.12.2019].

Marano, H.E.: Pitfalls of Perfectionism. In: Psychology Today, 1.3.2008, https://www.psychologytoday.com/us/articles/200803/pitfalls-perfectionism [Zugriff: 19.12.2019].

Marc Aurel: Wege zu sich selbst. Nikol Verlag, Hamburg 2018.

Montaigne, M. de: *Essais.* Insel Verlag. Frankfurt am Main / Leipzig 2001.

Moore, P.: Tracking Affective Labour for Agility in the Quantified Workplace. In: Body & Society 24.3. (2018), S. 39–67.

Moost, N. / Rudolph, A.: Alles wieder gut! Oder wie der kleine Rabe zu seinem Namen kommt. In: dies.: *Das große Buch vom kleinen Raben Socke.* Esslinger, Esslingen 2010.

Mutz, M. / Kämpfer, S.: Emotionen und Lebenszufriedenheit in der „Erlebnisgesellschaft“. In: Kölner Zeitschrift für Soziologie und Sozialpsychologie 65 (2013), S. 253–275.

Newport, C.: *Deep Work: Rules for Focused Success in a Distracted World.* Piatkus, London 2016.

Newport, C.: *Digital Minimalism. Choosing a Focused Life in a Noisy World.* Portfolio/Penguin, New York 2019.

Niemic, C.P. et al.: The Path Taken: Consequences of Attaining Intrinsic and Extrinsic Aspirations in Post College Life. In: Journal of Research in Personality 73.3 (2009), S. 291–306.

Nietzsche, F.: *Werke in 3 Bänden*. Band 2. Hanser, München 1954.

Nietzsche, F.: *Wie man wird, was man ist. Ermutigungen zum kritischen Denken*. Hg.v. Ursula Michels-Wenz. Insel, Frankfurt am Main / Leipzig 2000.

Ötsch, W.: Zur Geschichte und Zukunft von Grundkategorien des ökonomischen Denkens: Raum, Zeit, Objekt und Ich. Arbeitspapier Nr. 9826 des Instituts für Volkswirtschaftslehre, Johannes Kepler Universität Linz, November 1998.

Page, M.: Biohacking. Selbstoptimierung im Job als neuer Trend. (2018), https://www.michaelpage.de/neuigkeiten-studien/marktstudien/fw-zukunft-der-arbeit/biohacking-selbstoptimierung-job [Zugriff: 19.12.2019].

Page, M.: Liquid Skills: Lebenslanges Lernen als Grundlage für die Karriere der Zukunft. (2018), https://www.michaelpage.at/studien-und-wissenswertes/fw-zukunft-der-arbeit/liquid-skills-lebenslanges-lernen [Zugriff: 19.12.2019].

Pfeifer, S.: *Der sensible Mensch: Leben zwischen Begabung und Verletzlichkeit*. SCM Hänssler, Holzgerlingen 2012.

Plutarch: *Die Kunst zu leben*. Ausgewählt und übersetzt von Marion Giebel. Insel, Frankfurt am Main / Leipzig 2017.

Posch, W.: Projekt Körper: *Wie der Kult um die Schönheit unser Leben prägt*. Campus Verlag, Frankfurt am Main 2009.

Pulkkinen, L. / Pitkänen, T.: Temperance and the strengths of personality: Evidence from a 35-year longitudinal study. In: Schwarzer, R. / Frensch, P.A. (Hg.): Personality, Human Development, and Culture: International Perspectives on Psychological Science. Psychology Press, 2010, S. x–y.

Reinhard, R.: Das Glücksversprechen. Eine Schönheitsutopie. In: Hohe Luft 6/18 (2018), S. 10.

Retzer, A.: Lob der Vernunftehe. Eine Streitschrift für mehr Realismus in der Liebe. Fischer, Frankfurt am Main 2010.

Riemann, F.: *Grundformen der Angst*. 45. Aufl. Ernst Reinhardt Verlag, München 2019.

Rosa, H.: *Beschleunigung: Die Veränderung der Zeitstrukturen in der Moderne*. Suhrkamp, Frankfurt am Main 2005.

Seneca, L.A.: *Von der Seelenruhe. Vom glücklichen Leben*. Anaconda, Köln 2010.

Schirmer, F.: Die hektische Organisation: Organisationaler Wandel als Treiber von Auszehrung. In: Oelsnitz, D. / Schirmer, F. / Wüstner, K. (Hg.): Die auszehrende Organisation: Leistung und Gesundheit in einer anspruchsvollen Arbeitswelt. Springer Gabler, Wiesbaden 2014, S. 155–176.

Schultz, U.: *Madame de Pompadour.* C.H. Beck, München 2004.

Simon, W.: Arbeit 4.0. Geschäftsmodell Ich. Business-wissen.de (2013), https://www.business-wissen.de/artikel/arbeit-40-geschaeftsmodell-ich/ [Zugriff: 19.12.2019].

Strömer, S.: Führt Attraktivität zum Erfolg? Zum Einfluss des Body-Maß-Index auf den Karriereerfolg. In: Schmalenbachs Zeitschrift für betriebswirtschaftliche Forschung 63.6 (2011), S. 609–631.

Tan, C.M.: *Search Inside Yourself. Optimiere dein Leben durch Achtsamkeit.* Goldmann, München 2015.

Tangney, J.P. et al.: High Self-Control Predicts Good Adjustment, Less Pathology, Better Grades, and Interpersonal Success. In: Journal of Personality 72.2 (2004), S. 271–324.

Uncapher, M. et al.: Media Multitasking and Cognitive, Psychological, Neural, and Learning Differences. In: Pediatrics 140 (2017), e20161758, https://pediatrics.aappublications.org/content/140/Supplement_2/S62 [Zugriff 19.12.2019].

Vargo, E.J. / Petróczi, A.: „It Was Me on a Good Day": Exploring the Smart Drug Use Phenomenon in England. In: Front. Psychol. 27.5.2016, 7:779. https://www.frontiersin.org/articles/10.3389/fpsyg.2016.00779/full [Zugriff 19.12.2019].

Vogel, E.A. et al.: Who compares and despairs? The effects of social comparison orientation on social media use and its outcomes. In: Personality and Individual Differences 86 (2015), S. 249–256.

Voss, J.: Die philosophische Frage: Was ist Sicherheit, Jella Haase? In: Manager Magazin, 9.2.2015, www.manager-magazin.de/lifestyle/leute/die-philosophische-frage-was-ist-sicherheit-jella-haase-a-1018184-amp.html [Zugriff 19.12.2019].

Waite, L.J. et al.: Marital happiness and marital stability: Consequences for psychological well-being. In: Social Science Research 38.1 (2009), S. 201–212.

Weidt, B.: Geborgenheit ist mehr als nur das Dach über dem Kopf. Mit Hans Mogel sprach Birgit Weidt. In: Psychologie Heute 12 (2009), S. 78–81.

Weltgesundheitsorganisation: Verfassung der Weltgesundheitsorganisation 0.8101. Stand 8.5.2014, https://www.admin.ch/opc/de/classified-compilation/19460131/201405080000/0.810.1.pdf [Zugriff 19.12.2019].

Whitney, K.: Against Everything by Mark Greif review – hipsters and how to live. In: The Guardian (2016), https://www.theguardian.com/books/2016/dec/22/against-everything-mark-greif-review [Zugriff 19.12.2019].

Yoon, J.-H. / Jeung, D. / Chang, S.-J.: Does high emotional demand with low job control relate to suicidal ideation among service and sales workers in Korea? In: Journal of Korean Medical Sciences 31.7 (2016), S. 1042–1048.